事業者必携

入門図解
最新

ネットビジネス運営のための法律と手続き

弁護士
森 公任

弁護士
森元みのり［監修］

三修社

本書に関するお問い合わせについて

本書の内容に関するお問い合わせは、お手数ですが、小社あてに郵便・ファックス・メールでお願いします。お電話でのお問い合わせはお受けしておりません。内容によっては、ご質問をお受けしてから回答をご送付するまでに1週間から2週間程度を要する場合があります。

なお、個別の案件についてのご相談や監修者紹介の可否については回答をさせていただくことができません。あらかじめご了承ください。

はじめに

インターネットを利用した取引やビジネスは、さまざまな分野で急速に拡大しています。ネット通販の市場は、大手企業だけでなく、中小企業によるBtoBやBtoCの取引にも拡大浸透しており、とどまるところを知りません。

誰もがスマートフォンを片手に、商品をネットショップで購入したり、ネットオークションに参加して欲しい物を落札することが手軽にできるようになりました。また、ECモールに出店するなどによって、ネットショップを開業し、収益を得ることも、現在では比較的容易に行えます。しかし、利用者が増大するにつれて、それを利用した取引やビジネスなどによる被害も増大の一途をたどっています。とりわけインターネットを利用した商品の取引の場面では、相手と直接顔を合わせないことから、説明と相違する粗悪品が届いた、商品を発送したのに代金が支払われない、といったトラブルが絶えません。

また、自らのサイトやブログに無断で他人のデジタルコンテンツを転用するという著作権の侵害も深刻化しています。さらに、顧客情報など個人情報の漏えいは、たとえハッキング被害から生じたとしても、企業の社会的信用を一気に失わせることになりかねません。

本書では、ITの活用やネット通販に参入を検討している事業者をおもな読者対象として、ネットビジネスを開業・運営し、または企業でIT法務に従事するときに必要になる最新の法律知識を網羅しています。ネット上の取引などに関係する、電子契約法、特定商取引法、景品表示法、著作権法、個人情報保護法、プロバイダ責任制限法、不正アクセス禁止法といった法律をとりあげ、重要な書式例を併せて掲載しています。ネット通販事業者をはじめ、ネット通販を利用するすべての皆様が、広く本書をご活用頂ければ、監修者として幸いです。

監修者　弁護士　森　公任　　弁護士　森元　みのり

Contents

第3章　ネットショップやオークションをめぐるトラブル解決の知識

第4章　著作権の法律知識と対策

第５章　個人情報保護法と顧客情報の管理

第6章　犯罪やその他の法律問題と対策

第7章　ネットトラブルを解決するための手段と書式

第1章

ネットをめぐる法律とトラブルの全体像

1 Webサービスをするために必要な法律

サービスの各段階で必要な法的規制をあらかじめ知っておく

運営上どんな法律が必要になるのか

インターネットを活用するWebサービスは、Webサイトやアプリを通じて事業を展開していくことが中心になります。たとえば、マッチングサービスでは、メール・SNS・チャット機能などを利用して、利用者からの問い合わせをはじめ、利用者同士のやり取りを行うことが可能なシステムが提供されます。

この場合、さまざまな情報のやり取りを、それを行う直接の当事者同士の間で行い、他者にやり取りの内容を見られることがないというシステムが基本になります。この通信システムはクローズド・チャットとも呼ばれており、電気通信事業法が規定する電気通信事業に該当するため、総務大臣に届出をしなければサービスを行うことはできず、届出を怠った場合の罰則も用意されています。

利用者間のみで行う通信システムは、ネットビジネスにとって非常に便利なものですが、電気通信事業法に基づく届出が必要であることを知らなければ、罰則が科されるおそれがあり、運営者にとって大きなリスクになります。届出は比較的容易な手続きで行うことができるため、運営者としては、自社が行う通信システムが電気通信事業法の定める電気通信事業にあたることについて、十分な知識が必要になります。

個人情報保護法や特定商取引法の適用にも注意する

上記の通信システムに限らず、一般的な物販を行う上でも法的規制を意識しておくべき点がたくさんあります。

たとえば、個人の顧客との間で契約を結ぶ段階にまで進んだ場合、事業者は、顧客の氏名・住所・電話番号・メールアドレスなどの情報を取得します。これらの顧客に関する情報は、個人情報保護法の「個人情報」にあたり、この個人情報を自らの事業に用いているので、個人情報保護法の適用を受けます。したがって、個人情報保護法が規定する個人情報の取得や第三者提供などに関する規制に従った運用が求められます。

また、個人情報を漏えいさせた場合には、漏えいの経緯によっては罰則が適用されることがあるため、これを防止するために情報管理措置をとらなければなりません。

さらに、商品の通販が行われる場面では、顧客との間で商品の価格や配送方法をめぐって、または顧客が返品を望んだ場合の手続きなどに関するトラブルが生じるおそれがあります。そのため、通販を行う事業者には、特定商取引法に基づく表示が求められています。

このように、事業の段階に応じた必要な法的規制について、常に意識をしておく必要があります。

■ Webサービスに関する法律

電気通信事業法
- 通信システムを利用して、利用者間の情報のやり取りを媒介する
  ⇒届出が必要になる

個人情報保護法
- 顧客の氏名・住所などの個人情報の取得・第三者提供の際に守るべき規制
- 取得した個人情報に関する情報管理措置

特定商取引法
- 通信販売に関するルール
（法定事項の表示、返品制度など）

2 トラブルから利用者を守るための法律がある

消費者契約法、特定商取引法、電子契約法などがネット取引のトラブルに適用できる法律である

どんな法律があるのか

インターネットを利用した取引（ネット取引）は、インターネットに接続できる環境であれば、どこでも取引ができます。そして、スマートフォンやタブレットなどの携帯端末の普及により、年々ネット取引の利用者が増えています。

しかし、利用者が増えるとともに、ネット取引によるトラブルも増加しているため、利用者を守るためにどんな法律があるのか知っておく必要があります。

まず、消費者と事業者の間で行われた取引には、消費者契約法が適用されます。また、民法や商法といった通常の商取引に適用される法律もネット取引に適用されますが、ネット取引には通常の取引とは異なる特徴があるため、その違いにあわせて作られた法律が優先して適用されます。たとえば、ネット取引は電子商取引に該当するため、電子契約法が優先して適用されます。また、ネットショッピング（ネット取引による商品などの購入）は通信販売に該当するため、特定商取引法も優先して適用されます。

消費者契約法

契約に関わる知識量や判断力などの点で不利な立場にある消費者を保護する法律が消費者契約法です。消費者契約法が対象としているのは、消費者と事業者の間で結ばれる契約（消費者契約）に限られるため、事業者間の契約は対象外です。対面での契約の他に、ネット取引であっても当事者が消費者と事業者である場合には消費者契約法が適用されます。

通信販売と特定商取引法

実際に店舗に行けば、販売員から強引な勧誘をされて、買いたくない商品まで買わされることがあるかもしれません。これに対して、通信販売では事業者側の押し付けはないため、消費者はゆっくり自分のペースで商品を選ぶことができます。

ただ、通信販売には、実際に手にとって商品の状態を確かめることができないという弱点があります。また、店舗で商品を見定めるときのように、気軽に販売員に質問をすることもできません。この状況で商品を購入する場合、商品が届いてみると自分の思っていたものと違うと感じることもあります。

このような通信販売に特有のトラブルもあり、特定商取引法は通信販売にさまざまな規制を課しています。また、特定商取引法に基づいた政令や主務省令による規制もあります。

なお、通信販売によって商品を販売しても、特定商取引法は事業者間の取引には適用がありません。その他、海外の人に対して商品を販売する場合や、事業者が従業員に商品を販売する場合、他の法律により消費者保護が図られている場合などについても、特定商取引法が適用されません。

■ 利用者を守るための法律

利用者が増えるとともに、ネット取引によるトラブルも増加

ネット取引には、通常の取引とは異なる特徴がある

利用者を守るための法律が必要

電子契約法、消費者契約法、特定商取引法などの法律が利用者を保護している

Q ドメインを不正利用する目的で取得するとどうなるのでしょうか。

A ドメインは、ネット上に存在するデータの住所のようなもので、アルファベットと記号で表現されています。ドメイン名を使用する際には、不正競争防止法の規制に注意する必要があります。

おもに以下のような表示の使用が、不正競争防止法によって規制される不正競争行為に該当する場合があります。

① 取引相手などに広く知れ渡っている商品または営業の表示（周知表示）と同一か、類似した表示を使用すること

周知表示の使用が他人の商品や営業との混同を生じるか、または生じるおそれがある場合に限って不正競争行為になります。

② 他人の商品や営業を示す表示で、全国的に有名なもの（著名表示）を表示として使用すること

一地方で知られた表示であれば周知表示になりますが、著名表示は全国的に広く知られた表示であることが必要です。また、著名表示の使用については、他人の商品や営業との混同がなくても、不正競争行為になります。

●取得や使用が不正の目的と認められる場合

有名でない会社名、商品名であれば、自由にドメイン名に使用できるというわけではありません。

周知表示や著名表示以外であっても、不正の目的で、他人の特定商品等表示と同一であるか、もしくは類似するドメイン名の使用権を取得し、もしくは保有し、またはそのドメイン名を使用する行為が不正競争行為になります。

まず、「不正の目的」とは、不正の利益を得る意図や、他人に損害を与える意図のことをいいます。

このうち「不正の利益を得る意図」とは、たとえば、企業が長年築き上げてきた知名度や信頼を利用し、自らの事業を有利に展開しようとすることです。一方、「他人に損害を与える意図」とは、信用を失墜させるなどの損害を与える狙いをいいます。

次に、「特定商品等表示」とは、人の業務に関する氏名、商号、商標、標章その他の商品やサービスを表示するものをいいます。

また、不正目的によるドメイン名の「使用権の取得」とは、①ドメイン名登録機関に申請してドメイン名の使用権を得ること、②第三者からドメイン名の使用権を譲り受けること、③第三者からドメイン名の使用許諾を得ること、のいずれかを指します。

●事前調査をして商標登録をする

ドメイン名を取得する際は、おもに以下の２点を意識して不正競争行為にあたらないようにします。

① 有名な会社名などは、これをドメイン名にすると不正競争行為と認められる可能性が高くなるので避ける。

② 自ら使用することに合理的根拠のあるドメイン名を選ぶ。

■ ドメインのしくみ

https://www.xyz.co.jp/

（https＝①、www＝②、xyz＝③、co＝④、jp＝⑤）

①https … データの転送方式（Hyper Text Transfer Protocol Secure）

②www … 世界中に張りめぐらされたリンク網（World Wide Web）

③xyz … この部分に企業名、名前、商品名などを登録することが多い

④co … 組織属性を表す
co（会社）、ac（教育機関）、ne（ネットワーク事業者）、gr（任意団体）

⑤jp … 国名や地域名など分野を表す
jp（日本）、us（アメリカ）、uk（イギリス）、ch（中国）、kr（韓国）

Q **自分が運営するネットショップを検索結果の上位にするためにSEO契約を結ぼうと思っています。何か問題点はありますか。**

A SEO（Search Engine Optimization）とは、サーチエンジン（インターネット上に存在するサイトの情報を検索する機能およびプログラム）の検索結果で、対象とするサイトを上位に表示させるための対策のことです。ネットショップなどにおいては、自社のサイトが多くの人の目に触れること、つまり多くの人がサイトに訪問することが、自社の収益をあげるため必要になります。そこで、SEOを専門とする業者に対応を依頼する場合があります。

しかし、検索結果の上位に表示されることが、業者との契約で保証されていないことがある点に注意が必要です。業者もSEOがアルゴリズム（処理手順）の変更やライバルの増加などに伴い、検索結果の上位に表示されるという結果を出すのが難しいことを知っています。そこで、契約書に結果を保証する文言を入れないことがあります。その場合には、自分が期待していたランクでサイトが表示されなかったとしても、契約で保証されていない以上、債務不履行による賠償請求や契約の解除ができないおそれが高いといえるでしょう。

また、対象サイトへの訪問者を増やすために、アダルトサイトなどにリンクを貼られてしまう可能性もあります。この場合、サイトの閲覧者は増えますが、ショップの評判を下げることになります。

そこで、検索結果の上位ランクを具体的に指定し、サイトが指定ランクに表示される期間に応じて成功報酬にするなど交渉してみるとよいでしょう。なお、SEOの成果が得られるまである程度の期間が必要ですから、半年以上の契約期間を設定するのが望ましいといえます。

Q 私の名前を使ってキーワード検索したところ、私を誹謗中傷するサイトが検索結果の先頭に出てきます。なんとか下位に落とす方法はないものでしょうか。

A 誹謗中傷行為をやめさせるためには、そのサイトから誹謗中傷する内容を削除するように、サイト管理者に要求するのが根本的な解決です。しかし、サイト管理者が削除要求に応じない場合には、発信者情報開示請求や訴訟などの法的手段をとらざるを得ませんし、サイトが削除されるまでには時間がかかることになります。

また、検索サービス提供事業者（検索事業者）などに対し、検索結果からの削除を事業者に求めても、任意に対応してもらえるかどうかはわかりません。検索サービス提供事業者は、インターネット上にサイトが存在するという事実を検索結果として表示しているだけで、誹謗中傷をしているわけではないからです。

ただ、自分を誹謗中傷する言葉や知られたくない内容の情報が、インターネット上に公開されている状態を一刻も早く何とかしたいと考えるのは当然のことだと思います。

もっとも、削除には時間がかかるとしても、一時的に誹謗中傷のサイトを検索結果の下位に落とす方法はあります。SEO対策に詳しい人や専門の会社に対応を依頼することです。具体的な方法は、自分の名前を入れたサイトを大量に作成し、検索結果の上位を埋め尽くすという方法で、結果的に誹謗中傷のサイトを下位に落とします。

この方法によっても、サイトそのものは存在するので、根本的な解決にはなりません。しかし、多くの人が検索結果で表示される上位のページしか閲覧しないといわれているので、見られたくない情報が公衆の目に触れる機会は低くなるといってよいでしょう。訴訟などが解決するまでの一時的な対策として考えてみるとよいでしょう。

3 ネット取引の申込みと承諾

顧客から注文を受けてもネットショップが承諾しなければ契約は成立しない

承諾の表示をするタイミング

契約は、申込みの意思表示と、これに対する承諾の意思表示とが一致することで成立します。ネットショップの取引については、具体的にどの段階が申込みまたは承諾にあたるのかをしっかり理解することが重要です。

ネットショップの取引は、次ページ図のような流れになっています。売買契約が成立すれば、顧客は商品の代金を支払う義務を、ネットショップは商品を引き渡す義務を負います。

ネットショップは、一度契約が成立すると、たとえ在庫切れであっても、どこかから商品を調達して、顧客に引き渡さなければなりません。承諾の意思表示をする際は、商品を確実に引き渡せるだけの在庫があるかを確認することが重要です。在庫を確認して、問題がなければ注文を承諾するとのメールを送信します。反対に、在庫がない場合には、在庫切れで注文に応じられないと伝えることになります。

なお、承諾の意思表示との関係で問題になりやすいのが「注文受領・確認の通知」です。この通知は、店が注文を確かに受け取ったと顧客に伝えるためのもので、承諾の意思表示とは異なります。顧客が承諾の意思表示である（契約が成立した）と誤解しないような内容にしましょう。

申込みの承諾と注意点

ネット取引は、おおまかに言うと、①商品情報をサイト上に掲載する、②サイトを見た消費者が購入したい商品をショッピングカートに入れ、必要事項を入力し、ネットショップに送信する、③ネットショップがサイト上の表示またはメール送信などの方法で、注文を引き受けたことを顧客に通知する、という流れで行われるのが一般的です。この一連の流れで、①が申込みの誘引、②が申込みの意思表示、③が承諾の意思表示にあたるため、③が消費者に到達した時点で契約が成立します。契約の申込みと承諾の意思表示は、いずれも相手に到達した時点で効力が生じることになっています（到達主義）。

以上の一連の流れを顧客から見たときに、申込みの誘引と申込みの意思表示とを区別することが難しい場合があるといわれています。したがって、ネットショップとしては、どの段階が顧客による申込みの意思表示になるのかについて、注文手続きのページや利用規約などで明確に記載しておく必要があるでしょう。

■ ネットショップの取引の流れ

1　商品情報をサイト上に掲載

商品情報の掲載は、商品購入の申込みを促す行為（申込みの誘引）にすぎず、申込みの意思表示ではない。

↓

2　サイトを見た消費者は、購入したい商品をショッピングカートに入れ、必要事項を入力し、ネットショップに送信

申込みの意思表示にあたる。

↓

3　ネットショップは、サイト上の表示またはメール送信などの方法で、注文を引き受けたことを顧客に通知

承諾の意思表示にあたり、③が顧客に到達した時点で契約が成立。
（③の前に「注文受領・確認の通知」を送信する場合もある）

4 特定商取引法の適用

Webサイトに特定商取引法で決められた情報を明示しなければならない

商品の販売をする場合の注意点

インターネット上のWebサイトでの商品の販売は、事業者と消費者との間で行われるため、消費者契約法の規制を受けます。また、特定商取引法が定めている通信販売にあたるため、特定商取引法の規制も受けます。商品の販売を始める場合、消費者を保護するための法律の規制など、実店舗の運営にあたって注意する事項に加えて、次のような事項に注意しましょう。

つまり、①商品の販売価格や送料、②返品に関する事項、③代金の支払時期と方法、④商品の引渡時期、⑤事業者の氏名（名称）、住所、電話番号、⑥代表者または業務の責任者名など、特定商取引法で定められた広告記載事項をWebサイトに表示します。とくに②に関して、購入後の消費者都合による返品を受け付けない場合は、返品不可と明示する必要があります。返品について明示しない場合は、特定商取引法により８日以内は返品可能として扱われます（返品制度）。ただし、返品不可と明示した場合でも、商品に欠陥がある場合や、広告と商品が異なる場合などは、返品や交換に応じなければなりません。

また、商品を引き渡す前に購入者から代金を少しでも受け取った場合（前払い）において、購入者への商品の引渡しに時間を要するときは、申込みを承諾するかどうかなどについて、遅滞なくメールもしくは書面で購入者に通知する必要があります。

特定商取引法が適用される場合とは

特定商取引法は、特定商取引を行う販売業者または役務提供事業者を規制対象としています。事業者ではなく個人であっても、本格的にインターネット上で物を売っている場合は、営利目的で反復継続して取引を行っていると判断され、特定商取引法の規制を受ける場合があります。事業者と消費者との間のデジタルコンテンツ（デジタル形式の映像作品、書籍、音楽など）のネット取引についても、通信販売として特定商取引法の規制対象となります。

一方、販売業者または役務提供事業者以外の消費者である個人同士の取引（個人間のインターネットオークションでの取引など）の場合は、特定商取引法による規制対象外となります。ネット取引のために事業者がホームページを開設し、取引の場を提供しているにとどまる場合、事業者は取引の当事者ではなく、他人間の売買の媒介をしているにすぎないため、特定商取引法の規制は受けません。ただし、媒介をするのではなく販売を委託されている場合には、この委託された事業者は規制対象になります。また、通信販売によって権利の販売を行う場合、特定商取引法が定める「特定権利」を対象とするものでなければ、特定商取引法の規制対象にはなりません。

■ 特定商取引法の規制対象となる取引

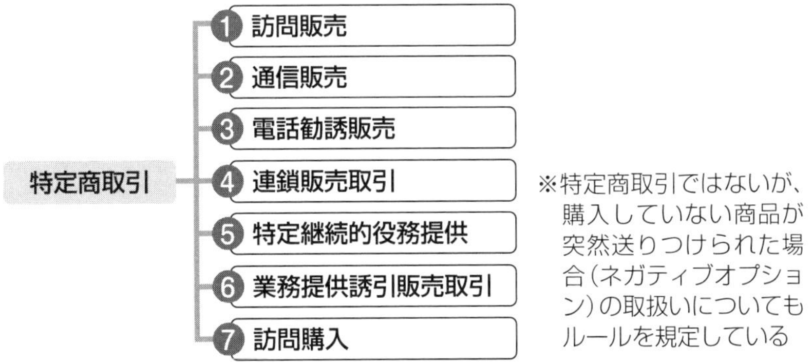

Column

ネットショップを閉鎖する場合

ビジネスとしてネットショップを運営する以上、ネットショップ上で利益が見込まれない場合は、閉鎖するという判断が考えられます。

閉鎖を考える場合に一番気をつけなければならないのは、サイトの閉鎖によって利用者に損害が発生しないかどうかです。少なからず積極的な損害を与えるような場合は、利用者から損害賠償請求を受ける可能性も否定できません。そのような損害が発生しない場合でも、閉鎖しようとするサイトの利用者が、自社の別のサービスを利用しているような場合にも注意が必要です。とくに関連性の高いサービスを提供している場合、閉鎖しようとするサイトと継続する事業との顧客層が多く重なっている可能性があり、常連客の信用を失うことになります。

このようなケースであれば、関連する別サービスに閉鎖するサイトの特典（ポイントや割引サービスなど）を振り替えることができないかなど、検討していく必要があります。

ところで、実際にネットショップを閉鎖する際には、まず、サイトを閉鎖する日時を決定します。この日時は極力利用者に与える影響が少ない時期を選択します。日時が決定すれば利用者全員が認識できる方法で「サイト閉鎖の予告通知」を行います。この際、予告通知は実際に閉鎖するまで相当期間空けて行いましょう。この期間が設けられていなかったり、短すぎても損害賠償請求を受けるリスクが生じます。相当期間は、サイト独自の特典（ポイントや割引サービスなど）を常識的に消化できるよう設定する必要があります。

なお、以上のような措置を行うとしても、ネットショップを立ち上げた際の利用規約に「本サイトは事業者の判断において、任意の時期にサービスを終了、サイトの閉鎖をすることができる」と定めておくことも重要です。

第2章

電子商取引・通信販売をめぐる法律知識

1 電子商取引の特殊性

相手の顔が見えないという特殊性がある

電子商取引とは何か

インターネットをはじめとした、電子的なネットワークを介して行われる商取引を、電子商取引といいます。電子商取引には、企業と企業で行われるものや企業と消費者で行われるもの、個人間で行われるものなど、さまざまな形態があります。

インターネット上で商取引を行う場合には、ホームページなどの画面にあるフォームの送信機能を利用したり、電子メールを利用するなどによって行います。このように、ホームページや電子メールなどのインターネットの代表的な利用方法は、人との交流や情報交換に役立つだけでなく、ショッピングや投資などの商取引にも使われています。

電子商取引と対面取引の違い

電子商取引は、通常の商取引と比べて、いくつかの特色があります。まず、通常の対面式の売買と違って、相手の顔が見えない点です。通常、人が取引を行う場合には、相手の様子や企業の雰囲気などを実際に目で見て判断しますが、電子商取引ではそれができません。

さらに、電子商取引においては、売買契約を行ったとして、その契約がいつ成立したものであるかがわかりにくいという問題もあります。

対面取引では、一般的に、その場で売買が行われることが多く、日を改めて取引を行う場合でも、契約が成立していることの証拠となる文書を渡すなどの対応をすることで、いつ契約が成立したのか、容易に把握することができます。

これに対し、電子商取引の場合には、契約が成立していることを示すものは、文書などの紙媒体ではなく、電子データです。電子データは、性質上、改ざんが容易にしやすいものであるため、十分に信用することは難しく、これだけでは契約が成立したことの証拠としては十分ではないということが多いという性質があります。

また、たとえば商品を買う場合には、商品を送ってもらう必要があります。こうした情報を、電子メールなどを利用して行うことから、情報が漏れる可能性も高く、実際に個人情報が漏れたケースは多数見られます。

このように、インターネットを利用した商取引は非常に便利で手軽なものですが、他方、インターネットであるがゆえの問題点も多く含んでいるのです。

とくに、オンラインショッピングや金融取引のオンライン化が進み、利用者が急増していることに伴って、さまざまなトラブルも増大しているのが現状です。

そこで、電子署名・認証制度や電子契約法などによって、電子商取引の安全が図られています。

インターネット取引と電子署名

インターネット上では、相手の顔が見えません。契約の証拠となる電子メールなどは、電子データです。そのため、電子商取引では、取引の相手方の身元を確認することが難しいという点や、契約の証拠となりうる電子メールなどの電子データは改ざんされやすいという点が問題となります。

そこで、「電子署名及び認証業務に関する法律」（電子署名法）によって、電磁的記録の真正な成立の推定や、特定認証業務に関する認定の制度などが定められています。

電子署名について

電子署名法は、電子文書などの電磁的記録について、本人による一定の電子署名が行われているときは、真正に成立したものと推定しており、手書きの署名や押印と同等に通用するものとしています。そのため、トラブルで裁判になった場合にも、電子署名が行われている電子文書などの電磁的記録が存在するのであれば、証拠として用いることが可能です。

電子署名は、信頼性を高めるために考えられたものです。本人が署名していることと、署名されたものには後から変更などが加えられていないことを証明できるような高い信頼性が求められます。

現在のところ、電子署名には、公開鍵暗号方式と呼ばれる技術が広く使われています。

公開鍵暗号方式は、秘密鍵と公開鍵という２つのデータを使います。この２つのデータは、印鑑登録制度と似たしくみで、それぞれ印鑑と印影のような役割を果たします。

秘密鍵を本人が使い、公開鍵は通信の相手方が本人のものであるかどうかを確かめるのに使います。通信の相手が本人の署名であるかどうかを確認するには、認証機関（日本認証サービス株式会社、株式会社日本電子公証機構など）が発行した電子証明書が必要になります。認証機関が電子署名を行った本人を電子証明書により証明することを電子認証といいます。

認証機関に電子証明書を発行してもらうには、事前に本人が身元を証明できるような資料とともに認証機関に申請をする手続をすることが必要になります。

このように、電子署名・認証制度では、認証機関が本人の確認をするので、通信の相手方は本人の署名を本物であると信用することができるようになっています。

2 電子契約法の定めるルール

消費者の操作ミスによる不利益を救済する法律

電子契約法とは

インターネット技術の発展は取引を多様化した一方で、利用者の増大に伴うさまざまな問題が生じています。

たとえば、インターネットを利用した通信販売では、ワンクリック詐欺と呼ばれる悪質商法による被害が深刻化しています。

このような電子商取引をめぐるネット上のトラブルを防ぐことを目的として制定されたのが、「電子契約法」（「電子消費者契約及び電子承諾通知に関する民法の特例に関する法律」）です。電子消費者契約法とも呼ばれます。

電子契約法は、消費者が行う「電子消費者契約」の申込みまたはその承諾の意思表示について、特定の錯誤があった場合に関して、民法の特例を定めた法律です。

電子消費者契約とは、消費者と事業者との間における、電磁的方法によってパソコンなどの電子計算機の映像面を介して締結される契約のことです。事業者またはその委託を受けた者がその映像面に表示した手続きに従って、消費者が電子計算機を用いて送信することによって、その申込みまたはその承諾の意思表示を行います。

電子契約の成立時期

民法の原則によれば、契約が成立するのは、申込みに対する承諾の通知が申込者に到達した時点であるとされています。電子契約法も、この民法の原則と同様に、インターネット上の取引の場合についても、承諾の通知が相手方に到達したときに契約が成立すると定めています。

消費者の操作ミスの救済

パソコンについての知識があり、操作にも慣れている人にとっては何でもなくても、操作に不慣れな人は、操作ミスをしてしまうこともあります。また、パソコンでは瞬時に処理がなされるため、間違いに気づいたときには、取り返しのつかないことになっていることもあります。契約の原則（民法の原則）によると、重大な不注意（重大な過失）によって勘違い（錯誤）に陥って契約の意思表示をしたときは、原則として、取消しを主張できません。

しかし、インターネットショッピングや、事業者の専用端末を使用したサービス等の利用申込みなど、インターネット取引が普及した現在においては、消費者がマウスなどの機器の操作を誤ってしまい、消費者が意図していなかった商品を注文してしまったり、利用するつもりのないサービスを利用してしまうケースが非常に多く見られます。

このような場合、民法の原則によれば、契約は錯誤を理由として取り消せるとなるのが原則なのですが、操作ミス等をした消費者に「重大な過失」がある場合には、事業者が契約は有効であると主張することが可能となっています。

そこで、電子契約法は、電子消費者契約において消費者に操作ミスが生じやすいことから、錯誤に関する民法の原則を修正し、事業者が消費者の操作ミスを防止するための措置を講じていないケースにおい

■ 電子契約の成立時期

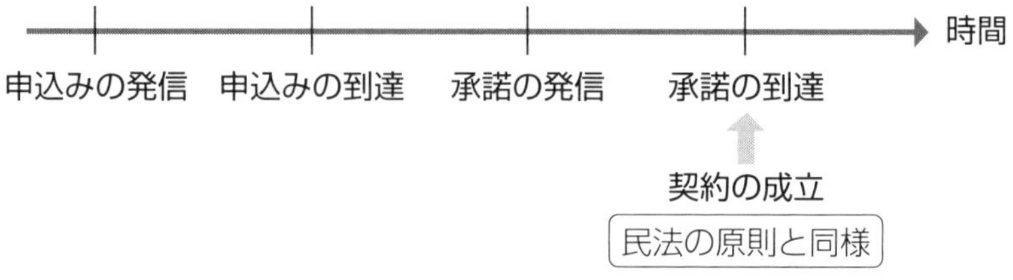

ては、消費者に重大な過失があっても契約の意思表示を取り消すことができるようにし、消費者を保護しています。

具体的には、事業者側には、消費者が契約の申込みや承諾を確定させる前に、消費者自身が注文内容や取引条件を確認することができるようにする義務が課せられています。

この確認措置がとられていない場合には、消費者がコンピュータの操作を誤って契約の申込みや承諾の意思表示をしたときは、消費者はこれらの意思表示を取り消すことができます。

これに対して、消費者が契約の申込みや承諾を確定する前の段階で、注文内容や取引条件を最終確認することができるよう措置を事業者側がとっていた場合には、たとえ消費者が捜査を誤って申込みや承諾の意思表示をしたとしても、その意思表示を取り消すことはできません。

また、申込内容の表示を見て、訂正しようとした場合に訂正することができるようになっている場合にも、消費者はその意思表示を取り消すことはできません。

■ 電子契約法のしくみ

内 容	内 容
①電子商取引のうち、 ②事業者と消費者との間の、 ③パソコンなど（電子計算機）を使った申込みや承諾を、 ④事業者が設定した画面上の手続に従って行う契約	①操作ミスなどによる意思表示の取消しを認める ②事業者側に意思確認のための措置をとらせる ③相手方へ承諾の意思表示が到達したときに契約が成立する

3 商品の申込画面の作成

消費者が誤認することのないように、わかりやすい申込画面を作る必要がある

ホームページ作成時の注意点

消費者に対して商品やサービスを販売するホームページを作成する際には、電子契約法や特定商取引法のルールに適合しているかどうかを確認しておくことが大切です。たとえば、電子契約法のルールに関しては、①申込画面上に申込みを行う意思があるかどうかを確認するしくみ（確認措置）があることを確認します。もう一つ、②消費者が「確認措置は不要」との意思を表明していることを確認します。

そして、ホームページ上の申込画面が、一定の条件をクリアするものである場合には、電子契約法のルールにより、事業者側が①の確認措置を講じていると考えられます。この場合は、民法のルールがそのまま適用されるため、重過失のある消費者は、錯誤を理由に申込みの取消しの主張をすることができません。

確認措置が不要な画面を作成する場合

消費者が「確認措置は不要」という意思表明を行う画面を作成する際に注意することは、消費者が積極的に自分から望んで確認措置が必要ないと事業者に伝えたと判断できるような画面を作成することです。たとえば、チェックボックスに消費者がチェックを入れることによって、初めて確認措置が不要であることの意思表明になるという具合に、消費者が積極的に確認措置が不要であると選択したことが判断できるしくみにすることが必要です。

これに対し、事業者によって確認措置が不要とするように誘導された場合や、確認措置を求める場合は積極的に消費者がその選択をしな

ければならないような画面となっている場合は、消費者が「確認措置は不要」という意思表明をしたとの認定はなされないと考えられます。

申込時における消費者の勘違い

インターネットによる商品やサービスの購入は、自宅から手軽に行うことができる反面、消費者による操作ミスが生じやすいという弱点があります。ただ、契約の重要な部分に錯誤があったとしても、申込みなどの意思表示をした人に重過失がある場合には、原則として、その人は契約の取消しができません。

しかし、電子契約法では、電子消費者取引の際に、消費者が勘違いをして本来の意思と違う申込みをしたとしても、事業者が申込内容を確認する機会を与えていなかった場合（前ページ①の確認措置が講じられていなかった場合）には、重過失の有無を問わず、消費者が錯誤による取消しを主張できると規定しています。たとえば、申込みが確定される前に確認画面がまったく表示されなかった場合に、この規定が適用されます。

■ 申込画面と確認画面

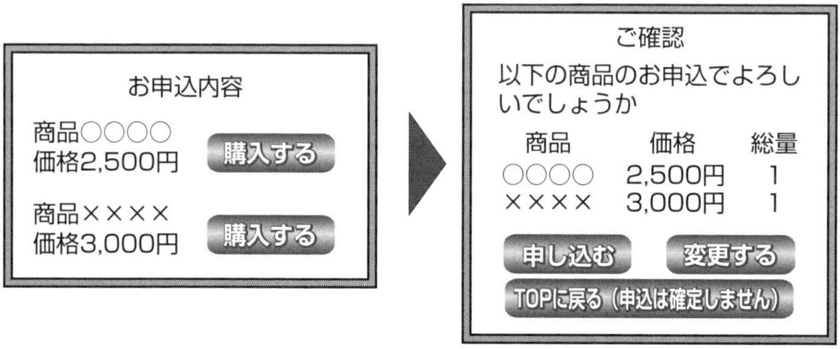

Q **消費者契約（消費者と事業者との間で締結する契約）において事業者の責任を一切否定する契約条項は有効でしょうか。その他にも、契約条項の有効性が問題になる契約条項はありますか。**

A 消費者契約の締結にあたっては消費者に契約条項を閲覧させ、それに同意してもらいますが、以下の内容の契約条項を設けても、消費者契約法により無効となることに注意しなければなりません。

①　債務不履行責任を免除する特約

問題発覚の際に責任を負うことを避けたいがために、事業者が契約書に「損害賠償責任の全部を免除する条項」を置くことがあります。しかし、事業者の債務不履行についての損害賠償責任の全部を免除する条項を消費者契約に設けても無効です。その結果、事業者は民法やその他の法律に基づいて債務不履行責任を負うことになります。

もっとも、「事業者に故意や重過失がない場合の損害賠償責任は○○円までとする」など、金銭の上限を定めることで、事業者に故意および重過失がない場合の損害賠償責任の一部を免除する条項（一部免責条項）を設けることは原則可能です。これに対し、事業者に故意または重過失がある場合に、債務不履行に基づく損害賠償責任の一部免除を認める条項を消費者契約に設けても無効です。

②　不法行為責任の全部を免除する契約

事業者の債務の履行に際にしてされた当該事業者の不法行為により消費者に生じた損害を賠償する責任の全部を免除する条項を消費者契約に設けても無効です。たとえば、契約書に「いかなる場合も当社は一切損害賠償責任を負いません」とする特約を設けても、消費者に不法行為をした事業者は損害賠償責任を負います。なお、事業者やその従業員に故意および重過失がない場合に不法行為によって生じた損害の一部を免除する契約条項を設けることは原則可能です。

③　契約不適合責任の免責特約

契約不適合責任は、とくに売買契約の目的物の種類・品質・数量・権利に関して契約の内容（趣旨）に適合しない場合、買主（消費者）が売主（事業者）に対して履行追完請求権、代金減額請求権、損害賠償請求権、契約解除権を行使できるとする制度です。契約不適合責任の免責特約の有効性は、契約不適合責任が債務不履行責任のひとつであることから、原則として①の特約と同じように考えます。

④　高額の違約金を定める特約

消費者の債務不履行で損害が生じた場合に備え、契約時に「キャンセル料」「違約金」などの名目で、事業者が損害賠償金を確保することがあります（損害賠償額の予定）。しかし、契約で自由に決めることができるという原則を貫くと、消費者が過大な損害賠償額を負担する事態が生じます。そこで、消費者契約の解除に伴う損害賠償の額や違約金を定めた場合、事業者に生ずべき平均的な損害の額を超える賠償額を予定しても、その超える部分が無効になります。

⑤　消費者の解除権を放棄させる条項

事業者の債務不履行により生じた消費者の解除権（契約不適合責任に基づく消費者の契約解除権も含まれます）を放棄させる条項は無効です。事業者が債務不履行をしたことにより、消費者にとって無意味である消費者契約に消費者が束縛されることを防ぐのが目的です。

⑥　事業者の免責の範囲が不明確な条項（令和５年６月施行）

事業者の債務不履行（故意・重過失によるものを除きます）または消費者契約における事業者の債務の履行に際してされた当該事業者の不法行為（故意・重過失によるものを除きます）により消費者に生じた損害賠償責任の一部を免除する消費者契約の条項で、当該条項において事業者の重過失を除く過失による行為にのみ適用されることを明らかにしていないものは無効です。免責の範囲が不明確であれば、消費者による損害賠償請求権の行使が困難となるからです。

4 定型約款について知っておこう

約款の中からスタンダードな部分を抽出したのが定型約款

定型約款とは

定型約款とは、民法によれば、「定型取引において、契約の内容とすることを目的としてその特定の者により準備された条項の総体」と定義されます。ここでいう「定型取引」とは、ある特定の者が不特定多数の者を相手方として行う取引であって、その内容の全部又は一部が「画一的」であることが双方にとって合理的なものをいいます。つまり、ある取引の主体が取引の相手方の個性を重視しないで、多数の取引を行う場合のことです。一般的に、保険約款、預金規定、通信サービス約款、運送約款、カード会員規約などが、定型約款にあたるといえます。

このような定型取引の相手方は、通常、細かい契約内容については関心がないため契約内容をよく理解せずに契約を締結するという特徴があります。

たとえば、月額課金のオンラインストレージサービスを提供するA社の例を考えてみましょう。A社のサービスにおいては、ユーザー登録画面に利用規約を表示して、当該利用規約が契約内容に含まれることに同意する旨のボタンがユーザーによって押されてから、月額課金サービスの利用画面に移行する方法を採っているとします。

このようなサービスにおいては、A社のサービスを利用する各ユーザーがA社のサービスの利用規約のすべての条項に目を通して把握した上で同意ボタンを押しているということは、通常期待できません。

そこで、サービスの利用契約の締結に際してその内容を定型的に定めた利用規約を、民法における「定型約款」とすることで、以下のように、不特定多数のユーザーとの間で同じ内容のサービスを迅速かつ効率的に行うことが可能となります。

定型約款のみなし合意とは

民法は、定型取引を行うことの合意（「定型取引合意」といいます）をした者が、①定型約款を契約の内容とすることの合意をしたとき、または②定型約款を準備した者（「定型約款準備者」といいます）がその定型約款を契約の内容とする旨をあらかじめ相手方に表示していたときは、定型約款の個別の条項についても合意をしたものとみなすと規定しています。これを「みなし合意」といいます。

このみなし合意の制度は、不特定多数の者との画一的な取引を迅速かつ効率的に行うために設けられたものです。前述の定型取引合意をした者は、その定型約款におけるすべての条項を具体的に把握していなくても、みなし合意が成立することになります。

しかし、常に定型約款の個別の条項について合意をしたものとみなされると、相手方に不利益となるような不合理な内容の条項であってもみなし合意によって有効であるという取扱いがされてしまい、妥当ではありません。

■ 定型約款を利用した取引

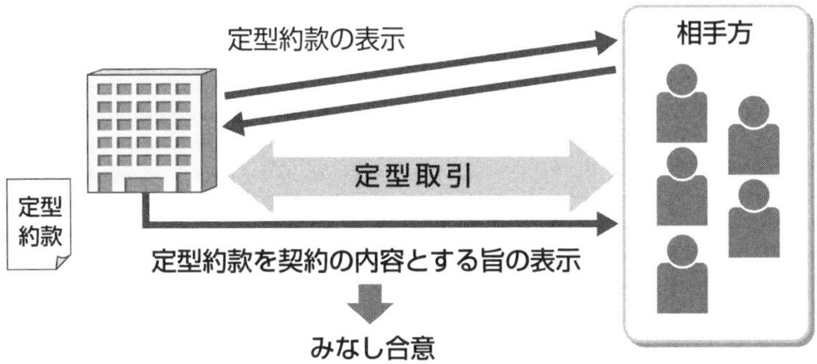

そのため、相手方の権利を制限したり、義務を加重する条項であって、その定型取引の態様・実情や取引上の社会通念に照らして、信義則（信義誠実の原則）に反して相手方の利益を一方的に害すると認められる条項については、合意をしなかったものとみなされます。つまり、このような条項については、はじめから契約内容に組み込まれなかったこととされるのです。

この除外規定に該当する条項の例として、不当条項や不意打ち条項が挙げられます。

不当条項とは、契約違反をした相手方に過大な違約金を課する条項や、逆に、定型約款を準備する側（定型約款準備者）の責任を不当に免責したり、賠償額を不当に僅少にする条項などを指します。

不意打ち条項とは、定型取引と関連性のない製品やサービスを、通常予期しない形でセット販売している条項などを指します。

定型約款の内容の表示（開示）義務

定型取引合意の前または定型取引合意の後相当の期間内に、相手方から定型約款の内容を表示（開示）するよう請求があった場合には、定型約款準備者は、遅滞なく、相当な方法でその定型約款の内容を表示（開示）しなければなりません。

たとえば、相手方から請求されたときに、定型約款を掲載したWEBページのURLを提示するなどの方法で表示する必要があります。ただし、定型約款準備者がすでに相手方に対して、定型約款を記載した書面を交付していた場合や定型約款を記録した電磁的記録を提供していた場合は、あらためて定型約款の内容を表示する必要はありません。

なお、定型取引合意の相手方から表示請求がなかった場合には、定型約款準備者が相手方に対して事前に定型約款の内容を表示（開示）していなくても、定型約款は契約の内容になります。ただし、この場合は定型約款を表示する義務が履行されていないため、定型約款準備者は債務不履行に基づく損害賠償責任を負う可能性があります。

定型取引合意の前に相手方から定型約款の開示請求があったのに、正当な理由（一時的な通信障害が発生したなど）なくこの請求を拒否した場合は、みなし合意の規定が適用されず、定型約款自体が契約の内容にはなりません。

定型約款の変更が可能な場合

定型約款を利用して不特定多数の相手方と取引を開始している状態であっても、事後的にその定型約款を変更する必要が生じる可能性もあります。そこで、民法は、一定の要件を満たしている場合には、変更後の定型約款の条項について合意があったものとみなし、相手方の個別の合意がなくても定型約款を変更できるものとしています。具体的には、下図の①、②のいずれかの要件を満たす必要があります。

なお、この要件を満たしている場合において、実際に定型約款の変更が効力を生じるためには、ⓐ変更の効力が発生する時期を定めた上で、定型約款を変更する旨、ⓑ変更後の定型約款の内容、ⓒ変更後の定型約款の効力発生時期の３点について、インターネットの利用その他適切な方法で周知することが必要です。

■ 相手方との個別の合意なく定型約款の変更が可能となる場合

定 型 約 款 ➡ **不特定多数の者と取引を行うために定めている**

【事後的に変更が必要な場合】

① 定型約款の変更が相手方の一般の利益に適合するものであること

② 定型約款の変更が契約の目的に反せず、変更の必要性、変更後の内容の相当性、定型約款を変更することがある旨の定めの有無・内容などの事情に照らして合理的なものであること

➡ いずれかの要件を満たした上で、変更に関する事項をインターネット等で周知することが必要

5 ネットショップにおける利用規約の作成上の留意点

顧客とのトラブルを未然に防ぐための条項が必要となる

なぜ利用規約が必要なのか

ネットショップでは、多くの顧客を相手にすることになるため、各顧客との取引ごとに契約書を作成することは現実的ではありません。そのため、契約書の代わりになる取引条件の明示方法が必要になります。そこで、多くのネットショップでは、利用規約を定めて、商品を提供する際の条件や約束事を示しています。利用規約を定めれば、不特定多数の顧客との取引条件を一律の内容で明示することができるため、平等で標準化された取引を実現することができます。このことから、事業者にも顧客にも重要かつメリットのある方法となります。

利用規約の明示は、一般的には、ネットショップへの会員登録や商品の注文を受ける際に、その利用方法などとして、顧客に利用規約への同意を求めるという方法によって行われています。利用規約への同意を求める際には、会員登録や商品の注文をする画面に利用規約を表示して、利用規約に同意しないと利用申込ができないようにしているのが通常です。

顧客が利用規約に同意して商品の注文やサービスの利用をしたことを明確にするためには、①利用規約が目につくところに読みやすく表示されている、②利用規約が容易に理解できる表現である、③利用規約に同意するボタンをクリックしないと会員登録や商品購入ができないようにすることで「利用規約に同意した」という証拠を確実に残す、という3つの条件を満たすことが有効な手段となります。

利用規約に基づいて契約が成立するには

利用規約には、ネットショップで取引をするためのルールが記載されています。契約の内容は当事者の合意で自由に決められるのが原則であり、事業者が利用規約によって取引のルール・内容を決め、顧客側がそれらに同意して商品の注文やサービスの利用をすることによって、契約が成立することになります。

ただし、事業者が利用規約の内容を決められるといっても、一切の制約がないわけではありません。当事者間の合意よりも優先的に適用される法律の規定（強行規定）があるからです。強行規定に反する内容の契約は、顧客の同意を得ていても無効となります。とくに顧客が消費者である場合は、事業者の責任を不当に制限する規約の条項や、消費者に過大な損害賠償義務を負わせる条項などが消費者契約法により無効とされるため、利用規約の作成に際しては注意が必要です。

利用規約の作成の際に気をつけるべき点

利用規約の具体的な内容は、そのネットショップで取り扱う商品（サービス）の特性や価格などによって異なります。しかし、どのようなネットショップであっても、利用規約に定めておくべき重要な事項があります。以下、一般的に利用規約において規定される事項について説明します。

①　契約の成立時期に関する条項

対面取引では、契約当事者の間で、申込みと承諾という互いの意思の合致がわかりやすいため、契約の成立時期について認識がすれることはないでしょう。

しかし、ネットショップで商品（サービス）を購入する場合、注文を受けたショップが指定された顧客のアドレス宛に承諾メールを送ります。法律上は承諾メールが顧客のメールサーバ中のメールボックスに記録された時点で契約が成立しますが（到達主義）、これを利用規約に定めることで、法律に詳しくない顧客とのトラブル（認識のすれ）を回避できます。

②　諸費用の負担に関する条項

諸費用の代表例は送料です。送料を誰が負担するのか、またこれに関連してどのような配送方法を用いるのかなどを、明確に定めておく必要があります。部品代、組立料、梱包料、登録料など、その他の諸費用が必要な場合も、トラブルが生じないように詳細を記載しておく必要があります。

③　返品・返金・交換に関する条項

返品や返金・交換などへの対応は避けられない事項であり、特定商取引法における返品特約の表示義務との関係からも、利用規約で明示することが望ましいといえます。返品（交換）の際の送料は誰が負担するのか、返品（交換）の受付期間は商品受取後何日以内か、返金（交換）までの期間、返金方法など、互いの認識が一致するように明示することが必要です。その他にも、返品（交換）できる商品は未開封のものに限定する、開封済みでも未使用のものに限定する、といった条件の詳細も記載しましょう。

④　免責事項

ネットショップを運営する上で、ショップ側が必要以上の責任を負うことを避けるために定められるのが免責事項です。しかし、消費者である顧客に対して、「当社は当サイトより生じる一切の責任を負わないものとします」というようにすべての責任を回避するような規定を設けても、消費者契約法によってその条項そのものが無効となります。

そこで、事業者が不当な責任を負わない範囲内で、かつ責任が限定的なものとなるように、免責事項を列挙するとよいでしょう。具体的には、損害賠償金の上限額を設定する方法や、「当社に故意または重大な過失がある場合を除いて責任を負わない」と定める方法があります。

⑤　権利譲渡の禁止に関する条項

たとえば、月額固定料金を支払うことでホームページに掲載されている写真素材をダウンロードできるサービスを提供している場合、顧客によるサービスを利用する権利の譲渡を許してしまうと、事業者にとっては、誰がサービスを利用しているのかがわからなくなる可能性がある他、譲渡先が反社である危険性などがあります。そこで、「本規約に基づく権利の全部または一部を第三者に譲渡してはならない」というように、顧客側の禁止事項として権利譲渡の禁止を明示する方法がとられます。

⑥　準拠法と管轄裁判所

ネットショップの場合、遠く離れた地域に住む顧客との間で取引することが多く、顧客が海外に住んでいることもあるため、準拠法や管轄裁判所の規定は非常に重要です。

■ 利用規約において一般的に規定される事項

条　項	ポイント
契約の成立時期に関する条項	法律上は承諾のメールがメールサーバに記録された時点で契約が成立する（到達主義）
諸費用の負担に関する条項	送料、部品代、組立料、梱包料、登録料などの詳細を明示する
返品･返金･交換に関する条項	返品・交換の際の送料負担、受付期間、返金・交換までの期間、返金方法などを明示する
免責条項	事業者が必要以上の責任を負うことを避けるために定める
権利譲渡の禁止条項	事業者がサービスを受ける権利を第三者に譲渡できないよう定める
準拠法と管轄裁判所	準拠法は日本国法、管轄裁判所は事業者の本店を管轄する裁判所とすることが多い
利用規約の変更条項	事業者による一方的な規約の変更について「利用者が同意したとみなす」と取り扱えるようにする

準拠法を定めていない場合は、「法の適用に関する通則法」によって外国の法律が適用される場合があります。これではトラブルが生じたときに大変です。そこで「本利用規約の解釈・適用は、特段の定めのない限り、日本国法に準拠するものとする」といった条項を定めておくべきです。また、双方が日本人で日本国内での取引であっても、北海道の事業者と四国における顧客との間で発生するような隔地者間のトラブルであれば、管轄裁判所によって大きな有利・不利が発生します。そこで、利用規約には「当社（事業者）の本店所在地を管轄する○○地方裁判所を第一審の専属的合意管轄裁判所とする」という規定を定めることが多いです。

⑦　利用規約の変更条項

社会・経済状況の変化などさまざまな理由によって、利用規約の内容を変更する必要が生じることがあります。このとき、利用者に不利益を生じさせないようにする必要があります。とくに商品やサービスを継続的に提供している場合は、事前に個々の利用者の承諾を得ることや、「利用規約の変更やサービスの廃止・変更について、利用者が同意したものとみなす」というような条項を定めておくことが必要になります。

ただし、このような条項を盛り込んでいても、利用者に提供する商品やサービスの内容が大幅に変更する場合には、あらかじめ変更の内容を告知した上で、個別に承諾を得る必要があるでしょう。

利用規約の変更と告知

たとえば、「月額3,000円で電子書籍が読み放題」という継続的なサービスの内容を変更したい場合は、利用規約の変更が必要です。ネットショップは自由に利用規約を変更できると誤解している人がいますが、それは間違いです。前述したように、サービスの内容を大幅に変えるような利用規約の変更は、あらかじめ個々の顧客（利用者）

の承諾を得る必要があるでしょう。承諾を得る手間を省くための条項を利用規約に盛り込んでいる場合もありますが、そのような条項があれば、当然に個々の顧客の承諾なく自由に利用規約を変更できるとは限りません。

利用規約の変更の有効性は、変更の程度や変更が消費者に与える影響などを総合的に考慮して決まります。したがって、利用規約の変更が利用者に提供するサービスの内容を大幅に変更する内容であるような場合は、あらかじめ顧客に告知し、個別に承諾を得るのが確実です。

なお、ネットショップが利用規約を変更する場合は、過去にネットショップを利用したことがある人のことを考え、新しい利用規約をすぐに認識できるように告知する必要があります。具体的には、適切な予告期間を設けて、利用規約の変更内容と変更箇所をサイトのトップページに掲載して周知します。周知徹底が不十分だと、変更後の利用規約を適用できない場合があるので注意しましょう。

顧客の注文を拒絶できるようにしたい場合

過去にトラブルがあった顧客と取引したくない場合は、申込みを承諾しなければよいわけです。ただし、単に注文を拒絶するだけではトラブルが発生するおそれがあるので、利用規約に顧客による注文だけでは契約が成立しないと明記するなどの方法が必要となります。さらに、どのような場合に・どの時点で、ネットショップが注文を承諾したことになるのか（契約が成立したことになるのか）を、利用規約にわかりやすく記載しておくことが重要です。

その他、ネットショップが取引を拒絶できる場合について列挙した条項を設け、注文者が利用規約に同意することを確認する「同意する」のアイコンをクリックしないと注文ができないなどの対応をすることも考えられます。

書式　ネットショップ利用規約の例

ネットショップ利用規約

第１条（目的）　本利用規約（以下「本規約」といいます）は、○○株式会社（以下「当社」といいます）による利用者に対する商品販売条件及び当社と利用者との間の権利義務関係が定められています。本ネットショップを利用するには、本規約のすべてに同意頂くことが必要になります。

第２条（定義）　本規約で用いる用語の定義を次の通り定めます。

一　「商品」とは、本ネットショップで販売する商品のすべてをいいます。

二　「利用者」とは、本ネットショップを利用するすべての方をいいます。

三　「購入者」とは、本ネットショップで販売する商品の購入申込をし、これを当社が承諾した利用者をいいます。

四　「ID」とは、利用者が本ネットショップを利用する際に、Webサイト上に定められた方式に基づいて入力すべき文字列として、利用者が任意に定めたものをいいます。

五　「パスワード」とは、前号のIDの入力に続いて入力すべき文字列として、利用者が任意に定めたものをいいます。

第３条（適用）　利用者は本規約に同意するものとし、同意しない場合には本ネットショップの利用を認めないものとします。

２　当社と購入者との間の契約についても本規約がすべて適用されます。

３　当社は、利用者の承諾を得ることなく、規約変更、商品の変更及び本ネットショップの廃止をすることができるものとし、本ネットショップ上に改定後の規約を掲載することにより、利用者が規約の変更、商品の変更及び本ネットショップの廃止に同意したものとみなします。

第４条（契約締結の方式）　契約の締結は、当社が商品を利用するための申込方法としてWebサイト上に定める方式に基づき、利用者が次に掲げる事項を入力して申込みを行うものとします。

一　申込みをする商品

二　氏名

三　住所

四　年齢

五　電話番号

六　メールアドレス

七　ID

八　パスワード

２　当社は前項の申込みに対し、相当な期間内に承諾可否の回答を発します。

第５条（契約締結時期）　当社が前条第２項の承諾の回答を電子メールで発したときに契約が締結され、その効力が発生するものとします。

第６条（本商品利用及び代金支払等）　前条の効力発生と同時に、購入者は、当社がWebサイト上に定めた決済方法により、本商品の代金支払いを行う義務を負います。

２　当社は購入者が商品の代金を支払うまで、商品の発送を留置することができます。

３　購入者は、商品を入手するために発生する送料、振込手数料、決済代行手数料その他費用を自ら負担するものとします。

４　購入者は商品を返品することができません。ただし、商品の不具合を理由とする場合はこの限りではありません。

５　商品の内容、代金、決済方法並びに引渡時期及び方法等は本ネットショップ上に表示するものとします。

第７条（ボーナスポイント付与）　購入者は商品に付加されたボーナスポイントの付与を受けることができます。

2　購入者は前項に基づき付与されたボーナスポイントを「1ポイント＝1円」に換算して、当社が提供する商品購入の代価とすることができます。ただし、ボーナスポイントを現金に交換することはできません。

第8条（商品の評価）　購入者は、当社が本ネットショップ上で定める方式に基づき、利用した商品の評価をすることができます。

2　当社は、前項の評価が著しく不当であると判断した場合は削除することができます。

3　第1項の行為をするための費用等は購入者に発生しません。

第9条（掲示板の利用）　購入者は、当社が本ネットショップ上で定める方式に基づき、掲示板に文章の書込みや画像の貼付けを行うことができます。

2　前項の行為は、次に掲げる事項に該当しないと認められる限りで行うことができます。

一　当社の名誉又は信用を害し、あるいは誹謗中傷するもの

二　当社の著作権、特許権、実用新案権、意匠権、商標権その他知的財産権を害するもの

三　その他当社の権利又は利益を害し、あるいは営業を妨げるもの

四　第三者のプライバシー、名誉又は信用を害し、あるいは誹謗中傷するもの

五　第三者の著作権、特許権、実用新案権、意匠権及び商標権、その他知的財産権を害するもの

六　第三者の権利又は利益を害するもの

七　公序良俗に反するもの

3　当社は事前に通知又は催告することなく、前項に反する書込みを削除することができるものとします。

4　第1項の行為をするための費用等は購入者に発生しません。

5　利用者は、当社によりあらかじめ定めた期間が終了するまで掲示

板に書込みを行うことが可能です。

第10条（譲渡禁止） 購入者は、本規約に基づいて発生する一切の権利を第三者に譲渡し、又は担保に供してはなりません。

第11条（契約の終了） 購入者及び当社が本規約に基づいて有した権利及び義務は、債務が履行されたと同時に消滅します。

第12条（解除） 当社は、購入者に対し差押、仮差押、仮処分、租税滞納処分、破産手続開始の申立て、民事再生手続開始の申立て及び会社更生手続開始の申立てがあったときは、前条の規定にかかわらず購入者との契約を解除することができます。

2 長期の不在、受取拒否その他の事情により、最初の配送から1か月以上経過しても商品を受領していただけない場合、当社は購入者との契約を解除することができるものとします。

3 当社は、前二項に定める他、購入者の信用に著しい不安が生じたときも契約者との契約を解除することができます。

4 第1項ないし第3項の解除には、何ら通知催告手続を要しないものとします。

第13条（必要機器の準備） 購入者は本規約上の権利を行使するため、コンピュータ機器、ソフトウェア及び通信機器その他必要機器を自らの負担で準備するものとします。

2 当社は前項の必要機器の準備につきいかなる責任も負いません。

第14条（利用制限） 当社は次に掲げる事項に該当するとき、利用者が本ネットショップを利用することを制限することができます。

一 本ネットショップの運営に必要な保守作業を行うとき

二 利用者又は第三者による本ネットショップの利用により、コンピュータウイルスその他侵害が発生し、利用者、当社又は第三者に損害が発生するおそれがあるとき

三 前号の他、利用者、当社又は第三者の利益を保護するため、必要があると判断したとき

2　当社は前項の利用制限により利用者に生じた損害につき、賠償義務を負いません。

第15条（利用取引の停止）　購入者が商品を利用するにあたって、以下の事項に該当する行為を行った場合には、本ネットショップの利用を停止します。

一　本規約に違反する行為を行ったとき

二　過去に本契約に違反する行為を行い、本ネットショップの利用を制限されていた事実が判明したとき

三　違法な目的、又は公序良俗に反する目的で本ネットショップを利用したとき

四　その他、当社が本ネットショップの利用を停止することが望ましいと判断する行為が行われたとき

第16条（不保証）　当社及び当社の商品に協力する企業又は本ネットショップ上の広告企業は、次に掲げる事項につき、保証をし、あるいは債務を負うことはありません。

一　本ネットショップが常時又は永続的に利用できること

二　本ネットショップへの通信が正常であること

三　本ネットショップ又は本ネットショップに掲載される広告等の情報が真実であること

四　商品が通常有すべき以上の品質を有すること

五　商品が購入者の要求を満たすこと

第17条（ID・パスワードの入力及び管理）　利用者は本ネットショップを利用するのに際し、本ネットショップ上に定められた方式に基づき、ID及びパスワードを入力するものとします。

2　利用者はID及びパスワードを自ら管理する責任を負います。

3　利用者はたとえ第三者の行為であったとしても、自己のID及びパスワードを用いてなされた申込みについて、当社に対して一切の責任を負います。

4　当社は利用者のID及びパスワードを漏えいしません。

第18条（情報提供）　当社は購入者に対し、第４条第１項の申込みに添えられた住所、電話番号又はメールアドレスに宛てて、商品の提供に必要な連絡、広告その他情報提供を発信することができます。

2　前項の発信は、当社の営業に支障のない限り、購入者の希望する方法によって行います。

第19条（申込事項の変更）　購入者は第４条第１項の申込みに係る事項に変更が生じたときは、当社が本ネットショップ上で定める方式に基づき、直ちに入力して当社に連絡するものとします。

2　購入者が前項の連絡がなされないために被った損害につき、当社は何らの責任も負いません。

第20条（個人情報の利用及び管理）　当社は、本ネットショップの利用者に関して知り得た購入者の個人情報を取り扱う場合、自己の責任において、個人情報の保護に関する法律（平成15年５月30日法律第57号）その他の法令に従い適切に利用及び管理します。

第21条（通信の秘密）　当社は、電気通信事業法（昭和59年12月25日法律第86号）に基づき、利用者の通信の秘密を保持します。ただし、法令の定めに基づいて官公署等から開示の要求があった場合はこの限りではありません。

2　当社は、特定電気通信役務提供者の損害賠償責任の制限及び発信者情報の開示に関する法律（平成13年11月30日法律第137号）第４条第２項の定めに従い、開示するかどうかにつき、投稿又はデータ送信情報の発信者に意見を聴くものとします。ただし、当該開示請求に係る侵害情報の発信者と連絡がとれない場合、その他の特別な事情がある場合はこの限りではありません。

第22条（その他の損害賠償請求権）　当社は、利用者が本規約の違反その他、利用者の責めに帰すべき事由により被った損害につき賠償請求をすることができます。

第23条（解除と損害賠償） 当社は、当社と購入者との間の契約を解除した場合であっても、前条の規定による損害賠償請求をすることができるものとします。

第24条（購入者の損害賠償請求権） 購入者は自己責任において当社商品を利用するものとし、購入者が当社商品の利用により被った損害につき、損害賠償請求をすることができません。

２ 当社の故意又は重大な過失により購入者が損害を被ったときは、当社は当社の行為から直接生じた損害の実額を限度として賠償責任を負います。

第25条（不可抗力による免責） 当社は、以下の事由に起因して商品の提供が不能又は遅滞した場合には、債務不履行の責任を負いません。

一 地震、津波、台風、竜巻、大雨、洪水、自然火災、伝染病その他の自然災害

二 戦争、テロ、革命、暴動、ストライキ、放火その他の社会的災害又は事件

三 航空機、鉄道、船舶その他の交通機関の事故又は故障

四 その他当社の不可抗力によるもの

第26条（準拠法、合意管轄） 本規約の準拠法については日本法が適用されるものとします。

２ 本規約に関して万一紛争が生じた場合は、○○地方裁判所を第一審の専属的合意管轄裁判所とすることとします。

附 則

2023年４月１日 制定・施行

6 マッチングサービスにおけるトラブル防止策

マッチングサービスにおけるリスクを理解する

マッチングサービスとは

マッチングサービスとは、ある一定のサービスを受けたいと考えている人と、そのサービスを提供したい人とを結びつけることによって、収益を上げるビジネスモデルです。具体的には、マッチングサービスを提供する事業者（マッチングサイトの運営者）が、商品、サービス、スキル、情報などの提供者と利用者を管理し、両者を引き合わせるものであり、求人サイトやビジネスマッチング系のサイトなどが、マッチングサイトの代表例です。

マッチングサイトでは、マッチングサイトの特徴を理解した上でマッチングサービスに関する利用規約を定めることが重要です。

■ マッチングサービス

マッチングサイトとは

運営側が商品、サービス、スキル、情報などの提供者と利用者を管理し、両者を引き合わせる（マッチングサービスを提供する）サイト

具体的な活用パターン

- **BtoB（企業VS企業間の取引）**
  例：仕事（請負）の発注・受注のマッチング
- **BtoC（企業VS消費者間の取引）**
  例：ショッピングモール、求人情報の提供
- **CtoC（消費者VS消費者間の取引）**
  例：オークション、カーシェアなどのシェアリング

書式　マッチングサイト利用規約の例

マッチングサイト利用規約

本利用規約（以下「本規約」という）は、株式会社○○○○（以下「当社」という）が提供するサービス（以下「本サービス」という）の提供条件及び当社と本サービス利用者間の権利義務関係を定めたものです。本サービスを利用するには、本規約のすべてに同意頂いた上で、本規約及び当社が別途定める方法により会員登録を行って頂くことが必要になります。

第１条（定義）　本規約上で、使用される用語の定義は次の通りとします。

一　「本サイト」とは、当社が運営し本サービスを提供するWebサイト（http://○○○○co.jp）をいいます。

二　「利用者」とは、本サイトを利用する目的で会員登録している者をいいます。

三　「登録ML」とは、本サービスの提供を受ける目的で、利用者が当社に提供した電子メールアドレスをいいます。

四　「受注者」とは、利用者のうち業務受託を目的として、受注者登録、発注案件検索及び商談依頼を行う者をいいます。

五　「発注者」とは、利用者のうち業務委託を目的として発注案件登録、受注者検索、見積もり依頼、商談の承諾及び受注者評価を行う者をいいます。

六　「商談依頼」とは、受注者が業務請負又は委任の成立を前提として、申込みの意思通知を行うものをいい、商談依頼が発信された時期をもって効力が発生します。

七　「メールマガジン」とは、電子メールによって発行される雑誌、又は電子メールによって利用者に対して、定期的に情報を届けるシステムをいいます。

第2条（適用範囲） 本規約は、本サービスの利用者及び利用者に関わる第三者と当社間のすべての関係に適用されます。

2　当社が本サイト上で掲載する本サービス利用に関するガイドライン（http://○○○○.co.jp/××××.html）は、本規約の一部を構成するものとします。

3　本規約の内容と、前項のガイドライン及びその他、本サービスに関する説明が異なる場合、本規約の規定が優先して適用されるものとします。

第3条（サービスの詳細） 会員は次に定める本サービスを無償で利用することができます。ただし、本サービスを利用する場合に必要な情報通信機器等による電子メール受信やWebサイト閲覧その他に必要な通信費用の一切は会員が負担するものとします。

一　発注案件紹介及び商談締結など受発注サポート機能

二　発注案件・受注者検索機能

三　受発注者プロフィールの登録・更新機能

四　本サイト内への個別ページ作成機能

五　一括見積及び一括問い合わせ機能

六　メッセージの送受信機能

2　当社は、本サービスに関して、内容・サービス利用料の有無、本サービスの提供方法の変更、休止又は廃止等を自由にすることができるものとします。ただし、これらの変更を行う場合は、本サービスWebサイト又は電子メールによって事前に通知・催告をいたします。

3　前項の本サービスの変更内容は、当社が本サイト内に掲載したときから効力を生じるものとします。

4　利用者が18歳未満の場合、本サービスの利用を制限される場合があります。

第4条（会員登録） 本サービスの会員登録に関して、受注者及び発注者ともに原則として登録料は発生しません。本規約のすべてに同意頂ける方であれば、どなたでも会員登録して頂くことができます。

2　会員登録は、本サイト内に定められた本サービス利用に関するガイドラインに従って正確な内容を入力するものとし、虚偽又は偽装など、事実に反する内容を登録することを禁止します。

3　会員登録に関して、次の各号に該当する場合は、登録又は再登録を拒否することがあります。なお、当社は拒否理由について一切開示義務を負いません。

一　当社に提供された登録事項の全部又は一部につき虚偽、誤記又は記載漏れがあった場合

二　登録希望者が従前に当社との契約に違反又は違反者の関係者であると当社が判断した場合

三　その他、当社が登録に際して適当でないと判断した場合

4　会員は、会員登録に際して届け出た事項に変更が生じた場合、速やかに本サイト内にて定めた方法によって、登録内容の変更、修正を行うものとします。当該変更及び修正を会員が怠ったことにより当該会員が損害を被った場合であっても、当社は一切の責任を負わないものとします。

5　当社は、本サービスに関して得た会員の個人情報を個人情報の保護に関する法律（平成15年５月30日法律第57号）及び当社「プライバシーポリシー（http://○○○○co.jp/□□□.html）」に基づき、適切に取り扱うものとします。

6　当社は会員が受信を了承した場合に限り、本サイトから会員に対し、メールマガジンなどの電子メールを送信する場合があります。

第５条（利用の開始）　本サービスに関して、本サービスの利用を希望する者（以下「登録希望者」という）が前条に定める会員登録を行った場合、これを受けて当社が登録完了通知を送信します。

2　前項の登録完了通知を登録希望者が登録MLによって受信した時

点で利用者とみなされます。また、利用者が本サービスを利用するためのID及びパスワードを設定した時点で本サービスを利用開始できることとします。

第6条（退会） 利用者は、本サイト内に定められた方法に従って本サービスから退会し、会員登録を抹消することができます。

2 前項の退会をする場合、利用者が当社に対して負っている残存債務があれば、当該債務の一切について当然に期限の利益を失い、直ちに当社に対してすべての債務を履行しなければなりません。

第7条（登録抹消等） 当社は、利用者が次の各号のいずれかに該当する場合、事前に通知又は催告することなく、利用者に対する本サービスの利用停止又は会員登録を抹消することができるものとします。

一　本規約のいずれかの条項に違反したとき

二　当社からの問い合わせ、その他の回答を求める連絡に対して21日以上応答がないとき

三　本規約第4条第3項各号に該当する場合、又は第10条第1項各号及び第2項各号に掲げる禁止事項のいずれかに該当する場合

四　前各号に定める他、当社が本サービスの利用又は利用者としての登録について適当でないと判断した場合

2 前項の登録抹消がなされた場合、利用者が当社に対して負っている残存債務があれば、当該債務の一切について当然に期限の利益を失い、直ちに当社に対してすべての債務を履行しなければなりません。

3 当社は、本条に基づく当社の措置により利用者及び利用者に関わる第三者に生じた損害について一切の責任を負いません。

第8条（利用環境） 利用者は、本サービスを利用するために必要な機器、ソフトウェア及び通信手段等を自己の責任と費用において、適切に整備しなければなりません。

2 利用者は自己の利用環境に応じて、コンピュータウィルスの感染

の防止、不正アクセス及び情報漏えい防止等のセキュリティ対策を講じるものとします。

3　当社は利用者の利用環境について一切関与せず、何らの責任も負いません。

第9条（ID・パスワード）　当社は、利用者に対してID及びパスワードなどの認証情報（以下「ID等」という）を発行します。なお、IDは登録希望者が登録時に任意で指定した文字列により発行し、パスワードは英数字を混在させた8文字以上の推測されにくい文字列で利用者自身が随時更新するものとします。

2　利用者は、ID等を第三者に利用させる行為並びに、貸与、譲渡、名義変更、売買及び質入等いかなる処分もすることはできません。

3　利用者は、ID等を自己の責任において厳重に管理しなければならず、万一、ID等が不正に利用された場合、これに基づき当社又は第三者に生じた損害等はすべて、そのIDを保有する利用者が負担するものとします。

4　利用者は、ID等が不正に利用されていることを知った場合には、直ちに当社に、その旨を連絡する義務を負います。

第10条（禁止事項）　利用者は、本サービスの利用に際し、次の各号のいずれかに該当する行為又は該当すると当社が判断する行為を禁止します。

一　当社、利用者又は第三者の知的財産権、肖像権並びにプライバシー権の侵害行為

二　当社、利用者又は第三者の名誉・信用を毀損する行為

三　当社、利用者又は第三者に対する詐欺及び脅迫行為

四　当社、利用者又は第三者に対する誹謗中傷及び差別行為

五　当社、利用者又は第三者の財産を侵害する行為、又は侵害するおそれがある行為

六　当社、利用者又は第三者に対して経済的損害を与える行為

七　本サービスのネットワーク又はシステム等に過度な負荷をかける行為
八　本サービスの運営に支障をきたす行為
九　当社のネットワーク並びにシステム等に不正にアクセスし、又は不正なアクセスを試みる行為
十　公序良俗に反する行為
十一　当社が社会通念上、不適切と判断する行為
十二　前各号に定める他、法令に違反する行為

2　利用者は、本サービスを利用して次の情報を投稿又はデータ送信する行為を禁止します。
一　コンピュータウィルスその他の有害なコンピュータプログラムを含む情報
二　過度にわいせつな表現を含む情報、児童ポルノを含む情報又は品性を欠く情報
三　過度に暴力的又は残虐な表現を含む情報
四　殺害、虐待、自殺、自傷行為を助長する表現を含む情報
五　薬物の不適切な利用を助長する表現を含む情報
六　反社会的な表現を含む情報
七　チェーンメール等の第三者への情報の拡散を求める情報
八　他人に不快感を与える表現を含む情報
九　面識のない異性との出会いを目的とした情報
十　前項の行為に該当する情報
十一　当社が社会通念上、不適切と判断する情報

第11条（本サービスの停止等）　当社は、次の各号のいずれかに該当する場合、利用者に事前に通知することなく、本サービスの一部又は全部の提供を中断、停止、アクセス制限又は容量制限することができるものとします。
一　本サービス提供のための装置、システム等の保守又は工事のた

め、やむを得ないとき

二　本サービス提供のための装置又はシステム等の障害によってやむを得ないとき

三　本サービスを提供するための電気通信サービスに支障が発生したとき

四　利用者からのアクセスが原因となり、システムの容量を超える利用がなされたとき

五　ID等の漏えいなど、セキュリティに問題が生じたとき

六　その他、運用上又は技術上、当社が合理的な理由により本サービスの一時中断又は停止が必要であると判断したとき

2　前項に基づき、当社が行った措置に基づき利用者に生じた損害について当社は、一切の責任を負いません。

第12条（受注者の責務）　受注者は、本サービスに関し以下の事項を遵守するものとします。

一　本サービスによるすべての発注者からの見積通知（一括見積もりを含みます）に対して、できる限り速やかに検討を行い、遅滞なく商談依頼又は受注不可を通知するものとします。

二　前項の検討を経て、受注不可の通知をする場合、必ず本サービスガイドラインに従い、受注不可の理由を記載するものとします。

三　第一号の検討を経て、商談依頼を通知する場合、本規約及び本サービスガイドラインに従うものとします。

2　本サービスにより、登録された発注案件に商談依頼を通知する場合、本規約及び本サービスガイドラインに従うものとします。

3　前項により、受注者が商談依頼を行った場合で、当該発注案件が事前に行った登録業種と著しく異なるときには、当社において当該商談依頼を削除する場合があります。

4　受注者は、本サービスによる受注者登録及び商談依頼を通知する場合、次に掲げる行為をすることができません。

一　経歴、実績、その他、商談に関する重要な内容につき虚偽、その他当サイトの主旨にそぐわない記載
二　作品紹介に関して、第三者の知的財産権、肖像権を侵害する行為
三　会員登録を行った者以外による受注の代行など、内容が利用者と関係のないもの、又は関係の特定及び確認ができないと当サイトが判断する記載

第13条（発注者の責務）　発注者は、本サービスに関し以下の事項を遵守するものとします。
一　受注者に案件を依頼する場合、本規約及び本サービスガイドラインに従うものとします。
二　受注者より通知される商談依頼に対して承諾した場合、商談終了後速やかに、本サービスガイドラインに従い、受注者の評価を行うものとします。

2　発注者は、本サービスによる発注案件を登録する場合、次に掲げる行為をすることができません。
一　雇用の分野における男女の均等な機会及び待遇の確保等に関する法律（昭和47年7月1日法律第113号）に従い、性別、年齢、その他の制限された募集を行う行為
二　虚偽の事実、悪用、その他当サイトの主旨にそぐわない記載又は案件の登録
三　会員登録を行った者以外による発注の代行など、内容が利用者と関係のないもの、又は関係の特定及び確認ができないと当サイトが判断する案件の登録

第14条（自己責任の原則）　本サービスの利用に基づき受注者と発注者との間でサービス提供、請負、委任等の取引・契約等を行う場合、当サイトは一切関与せず、当事者双方で協議し、すべて自己の責任において行動するものとします。

2　当サイトが提供する本サービスに関して、受注者又は発注者に関

する信用、能力、知識、資質及び人柄等について、当社は何らの保証もいたしません。

3　当社は、第1項の契約上において発生する債権債務、知的財産権、肖像権等の権利について一切関与せず、いかなる責任も負いません。

4　本サイト上において、受注者又は発注者が登録したすべての情報について、個人利用の限度を超えた無断での複製・販売・出版その他、転記・転載等を一切禁止します。これらが無断でなされたことについて、当社は一切関与せずいかなる責任も負いません。

第15条（通信の秘密）　当社は、電気通信事業法（昭和59年12月25日法律第86号）に基づき、利用者の通信の秘密を保持します。ただし、法令の定めに基づいて官公署等から開示の要求があった場合はこの限りではありません。

2　当社は、特定電気通信役務提供者の損害賠償責任の制限及び発信者情報の開示に関する法律（平成13年11月30日法律第137号）第4条第2項の定めに従い、開示するかどうかにつき、投稿又はデータ送信情報の発信者に意見を聴くものとします。ただし、当該開示請求に係る侵害情報の発信者と連絡がとれない場合、その他の特別な事情がある場合はこの限りではありません。

第16条（本規約等の変更）　当社は、本規約を変更することができるものとし、当該変更をした場合には、利用者に当該変更内容を通知するものとし、当該変更内容の通知がなされても、利用者が本サービスを利用した場合又は当社の定める期間内に登録抹消の手続きをとらなかった場合には、本規約の変更に同意したものとみなします。

第17条（非保証）　当社は、次の各号に関し何らの保証を行うものではありません。

一　本サービスが利用者の意図する目的又は用途に適合すること

二　アクセス回線を利用した通信が正常に行われること

三　アクセス回線を通じて送受信されたデータが完全、正確で、又

は有効であること

四　利用者からの処理要求又はデータ送信に関する通信速度

五　本サービス利用によって、利用者のコンピュータへの不具合及び障害が生じないこと

六　本サービスの永続的な提供

七　本サービス上に掲載された情報の正確性及び完全性

八　本サービス上の広告掲載企業及び商品に関する事項の信頼性又は効能等の保証

第18条（免責）　当社は、利用者による投稿又はデータ送信により発生した損害、本サービス内容により発生あるいは誘発された損害につき、一切の責任を負わないものとします。

2　当社は、利用者による投稿又はデータ送信された内容が、第三者の権利を侵害し、又は権利の侵害に起因して紛争が生じた場合、その侵害及び紛争に対して何らの責任も負わないものとします。

3　当社は、本サービスにおいて、利用者間で生じた一切のトラブルに関して、一切の責任を負わないものとします。

4　当社は、本サービス提供のためのシステム障害等による本サービス内容の誤表示及びそれ以外のいかなる原因に基づき生じた損害についても、賠償する義務を一切負わないものとします。

5　当社は、利用者が使用するコンピュータ、回線及びソフトウェア等の環境等に基づき生じた損害について、賠償する義務を一切負わないものとします。

6　当社は、本サービスの停止、中止又はサービス内容の変更によって発生する損害について、賠償する義務を一切負わないものとします。

7　当社は、本サービス及び広告主を含む第三者のWebサイトからのダウンロードやコンピュータウイルス感染等により発生したコンピュータ、回線及びソフトウェア等の損害について賠償する義務を一切負わないものとします。

第19条（通知） 本サービスに関する問い合わせその他、利用者からの当社に対する通知、本規約の変更に関する通知並びに当社から利用者に対する通知は、原則として電子メールで行うものとします。

第20条（不可抗力） 当社は、次の各号の事由に起因して、本サービスの提供に重大な影響（停止、中止、利用制限など）が生じたとしても、本規約上の不履行とはならず、その責任を負わないものとします。

一 地震、津波、台風、竜巻、大雨、洪水、自然火災、伝染病その他の自然災害

二 戦争、革命、テロ、暴動、ストライキ、労働争議、放火その他の社会的災害又は事件

三 法令の制定及び改廃

四 その他当社の責めに帰することができない不可抗力によるもの

第21条（準拠法、合意管轄） 本規約の準拠法については日本法が適用されるものとします。

2 利用者は、本規約に関して万一紛争が生じた場合は、○○地方裁判所を第一審の専属的合意管轄裁判所とすることに合意します。

附 則

2023年４月１日 制定・施行

7 通信販売について知っておこう

通信販売は特定商取引法の適用を受ける

通信販売とは

現代では、店舗に行って物を買う手段の他にも、通信販売という手段が多用されています。買いに行くための時間や交通費などを考えると、通信販売の方がよい場合もあるでしょう。

また、消費者にとっての利便性だけでなく、事業者にとっても、販売場所を確保するコストや接客するコストなどを省けます。とくにインターネットを通じての販売であれば、夜中でも消費者が広告を見て購入の申込みをしてくれます。したがって、消費者にとっても事業者にとっても、メリットのある販売形態だといえます。

通信販売とは、購入者が新聞・雑誌・テレビ・カタログ・インターネット・電子メールなどの広告を見て、郵便・電話・FAX・インターネット・電子メールなどを通じて購入の申込みをする販売形態をいい、購入者が消費者の場合は特定商取引法の規制が及びます。最近では、インターネットの普及によって、ネットショッピングを運営するサイトが増えています。

なお、消費者への電話による勧誘を伴うものは、別途、特定商取引法の規制が及ぶ電話勧誘販売という販売形態として規制されています。

どんな問題点があるのか

通信販売は消費者にとって便利でメリットが多いです。店舗に行くと店員から強引な勧誘をされて、買いたくない商品まで買わされることがあるかもしれません。また、落ち着いて商品を見ることなく、その場の雰囲気で買ってしまうことがあるかもしれません。衝動買いなども多いのです。しかし、通信販売では購入の押し付けなどはないため、消費者はゆっくり自分のペースで商品を選ぶことができます。
　もっとも、通信販売には、実際に手にとって商品を確かめることができないという弱点があります。商品の広告には、商品の写真や動画が部分的に載せられているだけの場合が多く、見栄えのよい状態で載せられていることも多いでしょう。商品の説明も100％正しいというわけではないかもしれません。
　また、店舗で商品を見定めるときのように、店員に直接質問をすることもできません。この状況で購入すると、商品が届いたときに「自分の思っていたものと違う」と感じることもあります。
　このように、通信販売特有のトラブルもあることから、特定商取引法では通信販売にさまざまな規制を課しています。

権利については特定権利に限定されている

　以前は、通信販売について特定商取引法が適用されるのは、政令で定められた指定商品、指定役務（サービス）、指定権利を扱う場合だけでした（指定制度）。しかし、現在では通信販売については指定制

■ 通信販売のしくみ

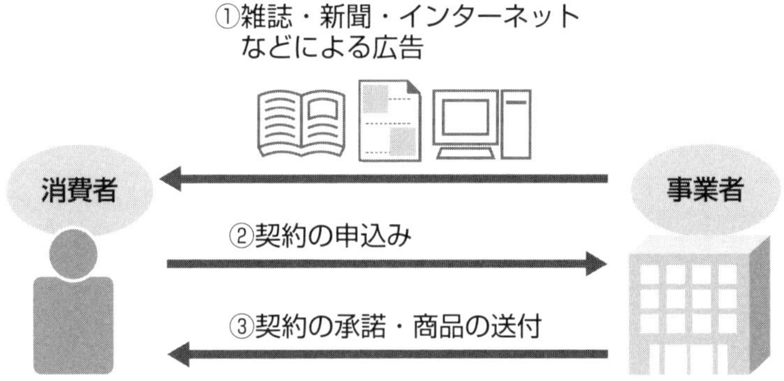

度が廃止されており、原則として、すべての商品や役務の販売について特定商取引法が適用されます。

ただし、権利については「特定権利」を販売する場合に限って特定商取引法が適用されます。そのため、権利を販売する場合は、その権利が特定権利に該当するか否かをチェックするようにしましょう。

特定商取引法の適用が除外されるものもある

通信販売で商品などを販売しても、特定商取引法が適用されない場合があります。まず、事業者間の取引には適用されません。裏を返せば、事業者と消費者との間の取引にのみ適用されるということです。また、海外の人に販売する場合や、事業者が従業員に販売する場合なども適用されません。さらに、他の法律により消費者保護が図られている取引についても適用されません。

返品制度がある

返品というと通常はクーリング・オフを思い浮かべますが、通信販売にはクーリング・オフが認められていません。そのため、届いた商

■ 通信販売と返品制度

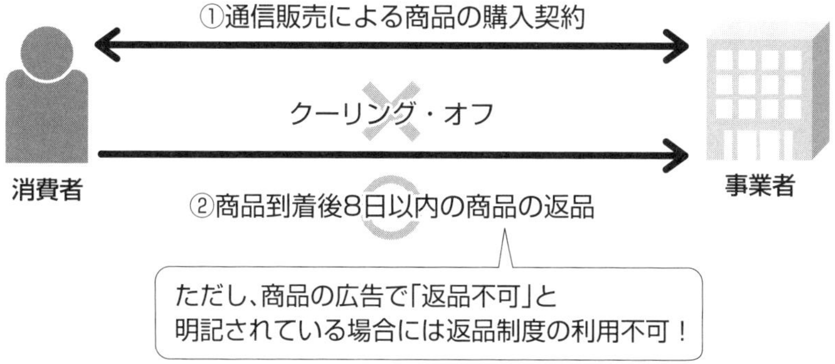

品が「写真で見たものと違う」「説明文記載のサイズと違う」などの場合に、消費者が返品しようとしても事業者が応じないというトラブルが頻発し、問題となっていました。

このような状況を受けて、現在では通信販売に返品制度が導入されています。返品制度は、通信販売で購入した商品の到着日（特定権利の場合は権利移転日）から起算して８日以内であれば、消費者（購入者）の負担で自由に返品することを認める制度です。ただし、通信販売の広告に、あらかじめ「購入者都合による返品はできない」ことが記載されている場合は、返品制度の利用ができません。この点がクーリング・オフとの違いといえます。消費者としては、購入前に、ホームページやカタログなどに返品の可否について記載されているかどうかを確認することが大切です。

したがって、返品制度を認めるかどうかは事業者次第ということになります。ただ、「返品不可」の表示があっても、事業者の販売した商品などに破損や欠陥などがある場合、消費者は、民法が定める契約不適合責任に基づいて契約を解除した上で、原状回復として返品することが可能です。

もっとも、消費者が事業者に対して契約不適合責任を追及するときは、まず期間を定めて履行の追完（たとえば、破損や欠陥などのない商品の引渡し）を請求します。それでも事業者による履行の追完がなければ、消費者は契約の解除ができます。このとき、契約を解除すれば返品が可能になります。その際、事業者は代金を受領済みであれば、それを消費者に返還しなければなりません。

8 通信販売の広告記載事項をおさえておこう

必要的記載事項を漏れなく記載することがポイント

通信販売の広告には必要的記載事項がある

通信販売では、消費者は広告を見ることで商品を購入するかどうかを判断します。そこで、特定商取引法は、通信販売を行う際の広告に一定の事項を表示することを義務付けています。この一定の事項のことを必要的記載事項といいます（71ページ図）。ネットショップの商品紹介の各ページに「特定商取引法に基づく表示」へのリンクが貼られていることが多いですが、これは共通する必要的記載事項をまとめて掲載したものです。以下、おもな必要的記載事項を見ていきます。

販売価格について

商品の価格が曖昧に記載されていて、実際に取引するまで正確な支払額がわからないと消費者は不安になります。そこで、商品の販売価格は、消費者が実際に支払うべき「実売価格」を記載することが必要です。希望小売価格、標準価格などを表示していても、その金額で取引されていなければ「実売価格」の表示とはいえません。消費税の支払いが必要な取引では、消費税込の価格を記載する必要があります。

送料について

購入者が送料を負担する場合は、販売価格とは別に送料の明記が必要です。送料の表示を忘れると「送料は販売価格に含まれる」と推定され、送料を請求できなくなるおそれがあります。送料は購入者が負担すべき金額を具体的に記載します。「送料は実費負担」という記載は具体性を欠くため不適切です。

全国一律の送料で商品を配送する場合は、「送料は全国一律○○円」と簡単に表示できます。一方、全国一律ではない場合は、配送地域ごとに送料がいくらになるかを記載すべきです。この場合、商品の重量やサイズ、発送地域を記載した上、配送会社の料金表のページへのリンクを張る方法も可能です。

その他負担すべき金銭について

「その他負担すべき金銭」は、販売価格と送料以外で、購入者が負担すべきお金のことです。たとえば、組立費、梱包料金、代金引換手数料などが代表的なものです。

取引にあたっては「その他負担すべき金銭」の内容と金額を表示することが必要です。したがって、組立費などの費目を明示し、具体的な金額を記載します。購入者がどれだけの費用がかかるのかを正確に知り、安心して取引できるようにするためです。したがって、「梱包料金、代金引換手数料は別途負担」とだけ記載し、具体的な金額を明記していないものは不適切な表示となります。

代金（対価）の支払時期について

購入者が代金をいつ支払うかは取引の重要事項なので、具体的に表示する必要があります。代金の支払時期は、前払い、後払い、商品の引渡しと同時（代金引換）などのパターンがあります。たとえば、後払いの場合は、「商品到着後、1週間以内に同封した振込用紙で代金をお支払いください」などと記載します。一方、代金引換の場合は、「商品到着時に、運送会社の係員に代金をお支払いください」などと記載します。

商品の引渡し時期について

通信販売は、注文のあった商品が購入者の手元に届くまでの期間を明確に表示する必要があります。具体的には、商品の発送時期（または到着時期）を明確に表示します。前払いの場合には、「代金入金確認後○日以内に発送します」のように記載します。一方、代金引換の場合は、たとえば「お客様のご指定日に商品を配送します」と表示します。なお、「時間を置かずに」という意味で、「入金確認後、直ちに(即時に、速やかに）発送します」と記載することも可能です。

代金（対価）の支払方法について

代金の支払方法が複数ある場合には、その方法をすべて漏らさずに記載する必要があります。たとえば、「代金引換、クレジット決済、銀行振込、コンビニ決済、現金書留」のように、支払方法をすべて列挙します。

返品制度に関する事項について

返品制度とは、商品に欠陥がない場合にも、販売業者が返品に応じるという制度です。事業者は、返品の特約として、返品の有無とその期間などを明確に記載する必要があります。

具体的には、返品に応じる場合は、返品にかかる送料などの費用の負担や、返品を受け付ける期間などを記載します。たとえば、「商品に欠陥がない場合でも○日以内に限り返品が可能です。この場合の送

■ 通信販売に対する規制

料は購入者負担とします」などと記載します。反対に、返品に応じない場合は、「商品に欠陥がある場合を除き、返品には応じません」などと記載します。

もし販売業者が広告に返品の特約に関する事項を表示しないと、商品に欠陥がなくても、商品を受け取った日から起算して８日以内は、購入者が送料を負担して返品ができます。

事業者の氏名（名称）、住所、電話番号について

個人事業者の場合は、氏名（または登記された商号）、住所、電話番号を記載します。法人の場合は、名称、住所、電話番号、代表者の氏名（または通信販売業務の責任者の氏名）を記載します。

「氏名（名称）」は、戸籍または商業登記簿に記載された氏名または商号を記載します。通称名、屋号、サイト名の記載は認められません。

「住所」「電話番号」は、事業所の住所と電話番号を記載します。住所は実際に活動している事業所の住所を省略せず正確に記載し、電話番号は確実に連絡がとれる番号を記載します。

「通信販売業務の責任者の氏名」は、通信販売を手がける法人事業部門の責任者（担当役員や担当部長）の氏名を記載します。「代表者の氏名」を記載するのであれば、通信販売業務の責任者の氏名の記載は不要です。

なお、ホームページに記載する場合には、画面のスクロールや切り替えをしなくても、事業者の氏名、住所、電話番号などは、消費者側（購入者）が見たいと思った時にすぐ探せるように、画面上の広告の冒頭部分に表示するか、「特定商取引法に基づく表記」というタブからリンクを貼るなどの方法を講じるべきです。

契約不適合責任についての定め

契約不適合責任とは、商品の種類・品質などが契約の内容に適合し

ない場合（契約不適合）に販売業者が負う責任のことです。契約不適合責任に関する特約がある場合には、その内容を記載する必要があります。事業者の契約不適合責任をすべて免除する特約は、とくに購入者が消費者である場合に消費者契約法の適用によって無効となります。

なお、特約の記載がない場合は、民法などの原則に基づいて処理されます。

■ 通信販売における広告の必要的記載事項 ……………………

①商品、権利の販売価格または役務の対価（販売価格に商品の送料が含まれない場合には、販売価格と商品の送料）

②商品・権利の代金または役務の対価についての支払時期と支払方法

③商品の引渡時期、権利の移転時期、役務の提供時期

④契約の申込みの撤回や解除（おもに返品制度）に関する事項

⑤販売業者・サービス提供事業者の氏名（名称）、住所および電話番号

⑥法人がホームページ等により広告する場合には代表者または責任者の氏名

⑦申込みの有効期限があるときは、その期限

⑧購入者の負担する費用がある場合にはその内容と金額

⑨契約不適合責任についての定めがある場合にはその内容

⑩ソフトウェアに関する取引である場合にはソフトウェアの動作環境

⑪商品の売買契約を２回以上継続して締結する必要があるときは、その旨及び金額、契約期間その他の販売条件

⑫商品の販売数量の制限、権利の販売条件、役務の提供条件がある場合はその内容

⑬広告表示を一部省略する場合の書面請求（カタログの別途送付など）の費用負担があるときは、その費用

⑭電子メール広告をする場合には電子メールアドレス

必要的記載事項を省略できる場合もある

広告スペースなどの関係で、必要的記載事項をすべて表示することが難しい場合には、以下の要件を満たせば、その表示を一部省略できます。

つまり、広告上に「消費者からの請求があった場合は必要的記載事項を記載した文書または電子メールを送付する」と記載することが必要です。あわせて実際に消費者から請求があった場合に、必要的記載事項を記載した文書または電子メールを遅滞なく送付できる措置を講じていなければなりません。ここで「遅滞なく送付」とは、消費者が購入を検討するのに十分な時間を確保できるようになるべく早く送付するという意味です。商品の購入に関して申込期限がある場合にとくに重要です。

■ 必要的記載事項の省略

原則として必要的記載事項の広告が必要

▼

請求があった場合に文書などで提供する措置をとっていれば
一部事項の記載省略が可能

▼

ただし、その場合でも、返品制度に関する事項、申込みの有効期限があるときはその期限、ソフトウェアの動作環境、２回以上継続して契約を締結する場合の販売条件、販売数量の制限などの条件、省略した広告事項に関し書面請求があった場合の費用負担、電子メール広告をする場合の電子メールアドレス、については省略することは認められない。

参考　特定商取引法に基づく表示

特定商取引法に基づく表示

商品名	商品毎にWebサイト上に表示しています。
代金	商品毎にWebサイト上に表示しています。
送料	4,000円以上お買上げの場合は無料、その他の場合は全国一律400円をご負担頂きます。
代金支払方法	次のいずれかの方法によりお支払いください。 ①　クレジットカード番号を入力する。 ②　弊社指定の銀行口座へ振り込む。 ③　コンビニ決済の番号を取得してコンビニで支払う。 ④　商品を届ける宅配業者に現金で支払う。
代金支払時期	①　クレジットカードによるお支払いは商品発送の翌月以降に引き落とされます。 ②　弊社銀行口座へのお振込は商品発送前に前払いしてください。 ③　コンビニでのお支払いは商品発送前に前払いしてください。 ④　代金引換発送は商品お受取り時にお支払いください。
商品のお届け時期	代金引換の場合はお申込日から、その他の場合は決済日又は入金日から１週間以内に発送致します。
お申込後のキャンセル	お申込後のキャンセルはお受け致しかねます。
返品について	商品不具合以外を理由とする返品はお受け致しかねます。
事業者名	株式会社スズタロダイエット
所在地	東京都○○区○○１－２－３
電話番号	03－0000－0000
通信販売業務責任者	鈴　木　太　郎

9 広告についての禁止事項を知っておこう

取引の申込画面であると容易にわかるように設計する

誇大広告等について

通信販売については誇大広告等が禁止されており、違反した事業者は、業務停止命令・業務禁止命令などの行政処分や、罰則の対象になります。誇大広告等にあたるのは、４つの事項につき、広告に「著しく事実と異なる表示」または「実際のものよりも著しく優良もしくは有利であると誤認させる表示」をすることです。

「４つの事項」とは、①商品・役務・特定権利の種類・品質・性能・内容などに関する事項、②商品の原産地・製造地・製造者・商標に関する事項、③国・地方公共団体・著名人などの関与に関する事項、④特定商取引法が定める広告に関する必要的記載事項（71ページ）のことを指します。

顧客の意に反して契約の申込みをさせることはできない

インターネット通販では、操作中に気がつくと商品購入の申込みが完了していることがあります。このトラブルは、表示中の画面が「商品購入の申込画面」であると消費者が認識できないために起こることが多いようです。特定商取引法では、インターネット通販に関し、おもに次の行為を「顧客（消費者）の意に反して申込みを行わせようとする行為」として禁止しています。

１つ目は、有料の取引の申込画面であることを、顧客が容易（簡単）に認識できるように表示していないことです。２つ目は、顧客が申込みの内容を容易に確認し、かつ訂正できるような措置を講じていないことです。

これらの禁止を踏まえ、適切な申込画面を作成するポイントは2つです。

まず、申込画面であると一目でわかるようにすることです。たとえば、申込みの最終段階で「ご注文内容の確認」のタイトルの画面（最終確認画面）を表示します。この最終確認画面に「この内容で注文を確定する」のボタンを用意し、顧客がボタンをクリックすると申込みが完了するしくみにします。

次に、申込内容を簡単に確認・訂正できるようにすることです。たとえば、最終確認画面に「変更」「取消」のボタンを用意し、ボタンをクリックすれば顧客が容易に申込内容の変更・取消しができるようにします。

なお、令和３年成立の特定商取引法改正で、インターネット通販などにより消費者から通信販売の契約の申込み（特定申込み）を受ける事業者は、最終確認画面に所定の事項を表示することが罰則付きで義務付けられました。

■ 最終確認画面

ご注文内容の確認

ご注文内容の最終確認となります。
下記のご注文内容が正しいことをご確認の上、「この内容で注文を確定する」をクリックしてください。

商品名・価格・個数	○○○○　2500円（税込）　1つ
お届け先の住所・氏名	〒000-0000 東京都○○区××１－２－３　○○○○
お支払い方法	代引き（手数料○○○円）
送料・送付時期	送料無料　○月○日午前中到着予定

内容を変更する　　**この内容で注文を確定する**

TOPに戻る（注文は確定されず、注文が取り消されます）

10 通信販売の広告メール等の規制について知っておこう

請求・承諾を得ないと電子メール広告やファクシミリ広告を送信してはいけない

消費者の事前承諾が必要

通販業者から広告目的の電子メール（電子メール広告）が送られてきますが、消費者にとっては、頼んでもいない広告メールが送られるのは迷惑です。特定商取引法では、通販業者が電子メール広告を送信するときは、あらかじめ消費者が請求するか、または消費者から承諾を得ることを義務付け、事前の請求・承諾がない電子メール広告の送信を原則として禁止しています（オプトイン規制）。

ただし、次のいずれかの場合は、事前の請求・承諾がなくても電子メール広告の送信が可能です。まず、契約内容の確認や契約の履行などの重要な事項に関する通知に付随して電子メール広告を行う場合です。次に、フリーメールサービスなどの無料サービスに付随して電子メール広告を行う場合です。

結局、通販業者は、法令で定められた例外に該当する場合を除いて、消費者の事前の請求・承諾がないのに電子メール広告を行うことができません。なお、平成28年成立の特定商取引法改正で、ファクシミリ広告も、原則として消費者の事前の請求・承諾がないのに行うことができなくなりました。

請求・承諾を得る方法と記録の保存

電子メール広告に関する請求・承諾は、消費者の自主的な判断によってなされる必要があります。電子メール広告の請求・承諾について消費者が正しい判断を行うため、事業者としては、ある操作を行うと電子メール広告を請求・承諾したことになると、すぐにわかるような画面を作成することが重要です。

たとえば、商品購入に関するホームページで、消費者から電子メール広告の送信について承諾を得る場合、消費者が購入者情報を入力する画面に電子メール広告の送信を希望するとのチェックがあらかじめ入っているデフォルト・オン方式があります。反対に、電子メール広告の送信を希望するとのチェックがあらかじめ入っておらず、希望する場合に購入者がチェックをいれるデフォルト・オフ方式もあります。

このうちデフォルト・オン方式の場合は、デフォルト・オンの表示について、画面全体の表示色とは違う表示色で表示するなど、消費者が認識しやすいように明示し、最終的な購入申込みのボタンに近い箇所に表示するのが望ましいとされています。

また、次の２つの方法は、消費者が電子メール広告の送信を承諾するとの表示（承諾表示）を見落とす可能性があるので不適切とされています。つまり、①膨大な画面をスクロールしないと承諾表示に到達できない場合、②画面の見つけにくい場所に、読みにくい文字で承諾表示がされている場合の２つです。

その上で、通販業者は、電子メール広告について消費者の請求・承諾を得たことを証明する記録を保存しなければなりません。たとえば、ホームページの画面上で請求・承諾を得た場合は、請求・承諾を証明する文書や電子データ等を保存しておく必要があります。

メールアドレスを記載する

電子メールの広告配信を停止する方法がわからないと、消費者は不要なメールを受信し続けざるを得なくなります。そうした不都合をなくすためには、メール配信の停止方法を消費者が知っておく必要があります。そこで、電子メール広告には、消費者が配信停止を希望する場合の連絡先を記載しなければならないとされています。

具体的には、連絡先となる電子メールアドレスやホームページアドレス（URL）を表示します。電子メールアドレスとURLは、簡単に探せる場所にわかりやすく記載します。たとえば、電子メール広告の本文の最前部か末尾などの目立つ場所に表示すれば、消費者は簡単に見つけることができます。

反対に、膨大な画面をスクロールしないと電子メールアドレスやURLに到達できない表示は不適切とされています。文中に紛れ込んでいて、他の文章と見分けがつかない表示も不適切とされています。消費者が電子メール広告の配信停止を希望する意思を表明したときは、事業者はその消費者に電子メール広告を送信できません。受信拒否の消費者に電子メール広告を送信した事業者には罰則が適用されることがあります。

現在の電子メール広告では、ほとんどの場合、メール文の末尾に「配信を解除」等の表示がなされているリンク（URL）があり、そこから上記の手続を行えるようになっています。

特定電子メール法でも規制されている

電子メール広告は、特定商取引法の他に、特定電子メール法によっても規制されています。電子メールによる広告の規制は、特定商取引法は通販業者（通信販売を行う事業者）が規制対象であるのに対し、

■ オプトイン規制とオプトアウト規制

オプトイン規制		オプトアウト規制
意思を表示していない者に対しては送信不可 事前に請求・承諾した者に対しては送信可という規制	⟷	意思を表示していない者に対しては送信可 「送信しないでほしい」という意思を表示した者に対しては送信不可という規制

※特定商取引法はオプトイン規制を採用（例外あり）

特定電子メール法は営利を目的とした広告宣伝メール全般の送信者が規制対象です。したがって、ネットショップが自ら電子メール広告を消費者に送信する場合は、特定商取引法と特定電子メール法の両方が適用されます。特定電子メール法による規制のポイントは次の４つです。

① 原則として事前に送信を同意した受信者に対してのみ広告宣伝メールの送信を認めている（オプトイン規制）
② 受信者からの同意を証明する記録の保存を義務付けている
③ 広告宣伝メールの受信拒否の通知を受けた場合は、以後のメール送信を禁止している
④ 広告宣伝メールには、送信者の氏名・名称、受信拒否の連絡先を表示しなければならない

■ デフォルト・オフとデフォルト・オン

●デフォルト・オフの例

資料を請求いただいた方に最新情報について掲載したメールを配信させていただいております。

□配信を希望する

送信

デフォルト・オフの場合、配信を希望する人がチェックすることになる

●デフォルト・オンの例

資料を請求いただいた方に最新情報について掲載したメールを配信させていただいております。

☑配信を希望する（希望しない方はチェックを外して下さい）

送信

デフォルト・オンの場合、配信を希望しない人がチェックを外すことになる

11 前払式通信販売について知っておこう

商品を受け取る前に代金を支払う販売方法

前払式通信販売とは

前払式通信販売とは、消費者が商品を受け取る前に代金を先に支払う販売方法です。代金の一部を先に支払う場合の他、全額を先に支払う場合もあります。消費者にとっては、商品が届くまで不安がつきまとう反面、事業者にとっては、商品の代金を支払ってもらえないリスクが軽減されるため、利便性の高い販売方法といえます。

ただし、前払式通信販売という形態を悪用して、消費者からお金を受け取っておきながら「商品を送らない」「役務を提供しない」などのトラブルが発生しがちであるため、特定商取引法では、前払式通信販売に関する規定を設けて、事業者に通知義務などを課して消費者保護を図っています。

事業者には通知義務がある

事業者の行う前払式通信販売が、商品・特定権利・役務について、申込みをした消費者から、その商品の引渡し、権利の移転、役務の提供をする前に、代金・対価の一部または全部を受け取る形態の通信販売を行う場合、事業者は消費者に通知しなければなりません。具体的には、消費者から実際に申込みを受け、その代金・対価の一部または全部を受け取った場合に、承諾についての通知をすることになります。

たとえば、消費者の郵便や電子メールなどによる申込みに対して、代金・対価の支払前に事業者が商品の送付や役務の提供が行われると、それが承諾の意味を持ちます。この場合は、申込みに対する承諾と契約の履行が同時に行われ、かつ代金・対価の支払前に商品が到着しているので、承諾の通知は不要です。

しかし、前払式通信販売では、申込みに対して事業者が承諾したのか否かが不明なまま、消費者が代金・対価を支払っている状態になりかねません。これでは商品の引渡しなどが行われない可能性があり、消費者が不安定な立場に置かれるので、事業者に対して、前払式通信販売を行う場合に承諾の通知義務を課しています。

通知の内容・方法

事業者が通知すべき内容は、①申込みを承諾するかどうか、②事業者の氏名（名称）、住所、電話番号、③受領した金額の合計、④代金などの受領日、⑤申込みを受けた内容（商品名や数量、権利や役務の種類）、⑥申込みを承諾するのであれば、商品の引渡時期、権利の移転時期、役務の提供時期です。

また、遅滞なく通知することが義務付けられているので、書面では３～４日程度、電子メールでは１～２日以内に通知をする必要があるといえます。

■ 前払式通信販売のしくみ・トラブル

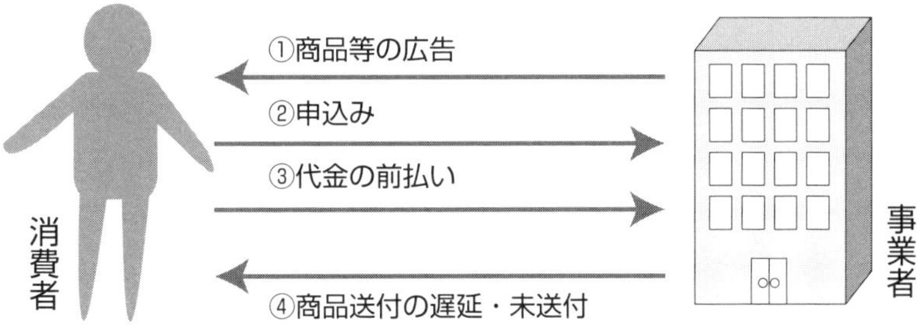

12 特定商取引法が適用されない場合もある

すべての取引に特定商取引法が適用されるわけではない

特定商取引法が適用されないケースもある

訪問販売・通信販売・電話勧誘販売であっても、特定商取引法の適用が除外される（たとえば、特定商取引法が定めるクーリング・オフの制度の適用がなくなる）場合があります。適用除外となるケースは、特定商取引法26条で規定されています。大まかにいうと、消費者として保護する必要のない取引や、信用上問題がない取引、他の法律で保護が図られている取引は対象外になると考えてください。おもな適用除外のケースについて、以下で見ていきましょう。

・購入者が営業として行う取引

たとえば、訪問販売であっても申込者や購入者が「営業のために」もしくは「営業として」締結する取引には、特定商取引法は適用されません。特定商取引法は、事業者を規制して消費者を保護することを目的としている法律です。そのため、申込者や購入者が営業を行う者であれば、取引に充分慣れているといえますので、保護の必要はないと考えているのです。

また、営業に関する商取引の迅速性・安定性が妨げられることがないようにする、という意図もあります。

・海外との取引

海外にいる者に対する販売やサービス（役務）の提供といった取引について、特定商取引法は適用されません。

・国や地方公共団体が行う取引

一般の事業者ではなく、国や都道府県、市区町村が行う販売やサービスの提供といった取引は特定商取引法の対象外です。

・組織内部の取引

事業者がその従業者に対して行う販売やサービスの提供や、労働組合などの団体がその構成員に対して行う販売やサービスの提供は特定商取引法の対象外です。

・他の法律で保護が図られている取引

弁護士が行う役務の提供、金融商品取引、宅地建物取引、旅行業者の行う旅行役務の提供といった取引については、それぞれの取引の安全を図るための法律が別に存在するので、特定商取引法の対象外とされています。

訪問販売の規制が適用されない場合

訪問販売の場合でも、その住居で契約を結ぶことを請求した消費者との間の契約には、特定商取引法が適用されません。

また、販売業者やサービスの提供事業者が定期的に住居を巡回訪問し、勧誘を行わずに結ばれる契約についても、特定商取引法の訪問販売の規制が適用されないものとされています。

電話勧誘販売の規制が適用されない場合

電話勧誘販売では、以下の①または②に該当する場合は、電話勧誘販売の規制が適用されなくなります（適用除外）。具体的には、申込書面や契約書面の交付義務が生じない他、事実でないことを告げたり、故意に事実を告げなかったりした場合の行政処分・罰則の規定や、クーリング・オフ、損害賠償額の制限に関する規定も適用されなくなります。

①　消費者が「契約をしたいので電話をかけてきてほしい」と事業者に請求した場合の電話勧誘販売

適用除外となるのは、消費者が「契約の申込み」または「契約の締結」のための電話を、事業者に対して明確に請求した場合ですから、そのような意思が明確でない場合は適用除外になりません。つまり、

「商品を購入したいのですが…」などと、契約の意思が消費者から明確に示された場合のみ適用除外の対象になります。これに対し、消費者が単なる問合せまたは資料請求のための電話を、事業者に対して請求したにとどまる場合は、適用除外になりません。

② これまで１年間に２回以上取引がある事業者と消費者との間での、電話勧誘による慣例的な取引

電話勧誘取引であっても、事業者と消費者の取引が継続的取引といえるような場合は、適用除外となります。

割賦販売法が優先的に適用される場合

電話勧誘販売や訪問販売では、代金をその場で支払うケースよりもローンを組んで分割払いで購入するというケースの方が多いでしょう。このように分割払いで商品を購入する場合、特定商取引法だけでなく割賦販売法の適用対象ともなるため、適用される規定が調整されています。

■ 特定商取引法の適用が除外されるおもな事項

除外の種類	例
おもな適用除外事由	①事業者間取引の場合 ②海外にいる人に対する契約 ③国、地方公共団体が行う販売または役務の提供 ④労働組合などが組合員に対して行う販売または役務の提供 ⑤事業者が従業員に対して行う販売または役務の提供 ⑥株式会社以外が発行する新聞紙の販売 ⑦他の法令で消費者の利益を保護することができる等と認められるもの
適用除外事由⑦の具体例	・弁護士が行う弁護士法に基づく役務の提供 ・宅地建物取引業法に基づいて宅地建物取引業者が行う商品（宅地建物）の販売または役務の提供

たとえば、特定商取引法では訪問販売や電話勧誘販売が解除された際に、事業者が購入者に請求できる損害賠償の金額は一定限度に制限されていますが、その訪問販売や電話勧誘販売が割賦販売法の割賦販売に該当する場合には、特定商取引法の規定は適用されません。割賦販売法で同様の規定が置かれているため、購入者が不当に害される危険がないためです。

また、事業者の書面の交付義務については、特定商取引法と割賦販売法が重複して適用されることになります。

政令指定消耗品にクーリング・オフが適用されない場合

訪問販売と電話勧誘販売において、使用や一部の消費によって価額が著しく減少するおそれがある商品として政令で定められている健康食品や化粧品など（政令指定消耗品）は、使用または消費するとクーリング・オフ制度が適用されなくなります。たとえば、健康食品の封を開けて中身を少しでも食べてしまった場合には、クーリング・オフができなくなるので気をつけなければなりません。

クーリング・オフが認められないケース

- 飲食店の飲食など提供が契約締結後すぐに行われるサービス
- 自動車の契約など交渉が長期間行われる取引
- 葬儀や生鮮食品など契約後速やかに提供しないと著しく利益が害されるサービス
- 健康食品、化粧品など政令指定消耗品の取引で消費者が使用・消費した場合
- 3000円（税込）未満の現金取引
- 購入者が請求して購入者の自宅で行った取引や御用聞き、継続取引

↓

クーリング・オフできない

Q **Webサイトでユーザーを騙して、不利な決定をするように誘導して意図しない商品の購入やサービスの利用・登録をさせる、いわゆるダークパターンについて教えてください。**

A 民法上の詐欺や強迫にあたらなくても、事業者によって、消費者を誤認させたり困惑させたりする一定の悪質性のある行為がなされると、消費者が適切な判断をすることができなくなり、不測の不利益を被りかねないので、何らかの規制が必要といえます。このように、消費者に対する悪質性のある行為のうち、webサイトにおいて問題視されている事業者の行為として、「ダークパターン」というものがあります。

ダークパターンとは、たとえば、Webサイトにおいて通常購入ボタンよりも定期会員購入ボタンの方を目立つ配色や大きさにするなどのように、ユーザー（消費者）を騙して誤解させ、意図しない商品を購入させたりサービスの利用・登録をさせるなど、不利な行動に誘導するために作られたユーザーインターフェースのことです。

●ダークパターンに対する規制

ダークパターンにはさまざまなものがありますが、よく見られる例として、「webサイト上の商品購入画面において、チェックを外さずに商品を購入し、知らない間にメルマガ購読や商品定期購入を申し込んでいた」「一読しても理解が困難な読みにくい条項が画面上に表示されており、この内容に同意しなければ商品やサービスにアクセスできないようになっている」「特定の商品について『残り１点』『在庫わずか』などと強調して購入をあおる」「webサービスの利用について、ユーザー登録方法は簡単なのに対して、退会方法がわかりにくい」などがあります。

世界的にも、消費者を不利な状況に追い込むダークパターンは問題視されており、GDPR（ EU一般データ保護規則）やアメリカ連邦取引委員会などで規制が進んでいます。日本でも、ダークパターンから消費者を保護するため、通信販売における詐欺的な定期購入商法への対策が強化され、令和３年の特定商取引法改正によって、「定期購入でなければ購入することができない」などといった、消費者を誤認させる表示に対して、直接の罰則規定が設けられ、このような表示によって消費者が契約の申込みをした場合、消費者は申込みの取消しをすることができる旨が規定されました（令和４年６月施行）。

ダークパターンを使用する事業者の側としても、たとえユーザーを騙す意図はなく商品の購入やサービスの利用を促進させる手段として用いていたのであっても、ユーザーの信頼を失い、かえってユーザーが離れていってしまうおそれがあります。また、訴訟などの消費者トラブルに発展するおそれもあるなど、その事業者だけでなく業界全体の信用を失墜させかねない、非常にリスクの高い行為であり、ダークパターンの使用から脱却することが求められるでしょう。Webサイトの利用について透明性を確保・向上させて、消費者であるユーザーが安心して利用できるようにすることが求められます。

■ ダークパターンの規制

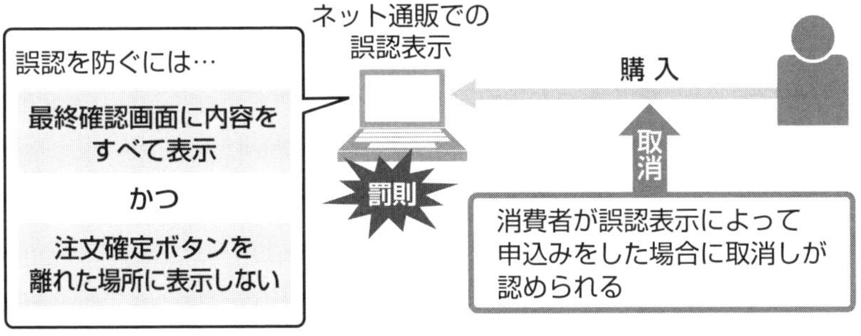

13 海外の事業者との取引

信頼できる事業者かどうかを見極める

海外の事業者との取引にあたって事前に確認すべき点

海外の事業者との取引は法律、文化、慣習の違いなどがあるため、次のような事前確認をして、取引を行うかどうかを慎重に判断する必要があります。

① 手続きや決済方法などの事前確認

海外の事業者から商品などを購入した場合、送料や税金などの費用が高額になることがあります。また、注文した商品について、日本では所持が禁じられているという場合もあり得ますので、事前に十分に確認するようにしましょう。

商品到着前に代金を支払う方法（現金、海外送金サービス、マネーオーダーなど）はなるべく避け、商品不着といった万一の場合に補償が受けられるクレジットカード決済を利用するなど、損害を最小限に食い止めることができる支払方法を選択しましょう。

さらに、返金や返品、商品の交換などを求めざるを得ない状況に備えて、事前に、返金や返品などの手続きがどのように定められているのかもよく確認することも重要です。

② 情報サイトで信頼性が高いかどうかを調べてみる

詐欺の事例を紹介するサイトや掲示板などで、取引しようとしている海外の事業者が掲載されていないかを調べましょう。

③ 相手国の商習慣を調べる

何らかの問合せや要求をするにしても、相手国商習慣を知らないと、こちらの常識がまったく通じないことになりかねませんので、相手国の商習慣を知っておくとよいでしょう。

海外のネットショップを利用する場合の注意点

ネットショップの利用に際してよくあるトラブルの例として、下図のようなトラブルがあります。海外のネットショップを利用した場合、これらの問題が生じたときに、まずぶつかるのが「言葉の壁」です。商品が届かないことや、注文した商品とは異なる商品が届いたことを伝えた上で、返金や交換などの要望を正確に伝えて海外の事業者とやり取りをするためには、相当の語学力が必要です。

また、このようなトラブルが発生した場合に、現地の行政機関や警察に被害を訴えて解決を求めることも、容易ではありません。

海外のネットショップを利用する場合は、このようなリスクがあることを十分に理解した上で、事前にそのネットショップについて、口コミサイトなどでの評判・レビューを参考にして、信頼できるネットショップ・事業者であるかどうかをよく吟味することが大切だといえます。

■ 海外の事業者と取引をする際の注意点

取引前に調べておくべきこと

・送料や税金などの費用が予想外に高額とならないか
・購入しようとしている商品が日本では所持が禁じられている物品ではないか
・返金や交換を求める場合にはどのような手順・手続きが必要となるのか

想定されるおもなトラブル

・代金を支払ったのに商品が届かない
・注文した商品と届いた商品が違う
・新品を注文したのに届いた商品は中古品だった
・届いた商品が最初から壊れていた

トラブル防止のための対策

・過去にトラブルがないか、口コミサイトや掲示板などで評判を調べておく
・相手国の商慣習を知っておく
・商品が届く前に代金を支払う方法（現金、海外送金サービス、マネーオーダーなど）は避ける
・万一の場合に補償が受けられるクレジットカード決済を利用する

14 景品表示法の全体像をおさえておこう

消費者のために過大景品と不当表示を規制する

なぜ制定されたのか

景品表示法（景表法）は、販売促進のための景品類の行き過ぎと、消費者に誤認される不当表示を規制するために、1962年に制定された法律です。

その後も、複数の事業者が食品表示等に関する大規模な偽装を行うなどの事例が相次いだこともあり、景品表示法は、とくに行政の監視指導体制の強化や、不当な表示等を防止するために事業者が取り組むべき表示管理体制の徹底をめざして、法改正を通じて見直しが随時行われています。

どんな行為を規制しているのか

景品表示法は、その目的を、「取引に関連する不当な景品類及び表示による顧客の誘引を防止」するため、「一般消費者による自主的かつ合理的な選択を阻害するおそれのある行為の制限および禁止」をすることにより、「一般消費者の利益を保護すること」としています。

つまり、一般消費者の自主的・合理的な商品・サービスの選択を邪魔するような「過大な景品類の提供」と「不当な表示」を行う企業活動を制限・禁止するものです。

後述しますが、「過大な景品類の提供」（過大景品）については、必要があれば、景品類の価額の最高額・総額、種類・提供の方法など景品類の提供に関する事項を制限し、または景品類の提供を禁止することができる、としています。一方、「不当な表示」（不当表示）については、商品・サービスの品質などの内容について、一般消費者に対し、実際のものよりも著しく優良であると表示すること、または事実に反して競争事業者のものよりも著しく優良であると表示することを「優良誤認表示」として禁止しています。

また、価格などの取引条件に関して、実際のものよりも著しく有利であると一般消費者に誤認される表示、または競争事業者のものよりも著しく有利であると一般消費者に誤認される表示については「有利誤認表示」として禁止しています。

運用状況はどうなっているのか

景表法の目的は、一般消費者の利益を保護することにあります。そのため、以前は景品表示法の管轄が公正取引委員会でしたが、消費者の視点から政策全般を監視する「消費者庁」が平成21年９月に発足したことに伴い、消費者庁（表示対策課）に景品表示法の管轄が移されました。また、県域レベルの事案に対応するような場合には、各都道府県が窓口となる場合もあります。消費者庁は、景品表示法違反の疑いのある事件について、調査を行い、違反する事実があれば、「措置命令」を行っています。措置命令は、「過大な景品類の提供」や「不当な表示」を行った事業者に対して、その行為を差し止めるなど必要な措置を命ずることができるというもので、消費者庁のホームページなどで事業者の名前、違反の内容などが公表されます。

■ 景品表示法のイメージ

独占禁止法

「過大な景品類の提供」
「不当な表示」に対する規制

独占禁止法の規制だけでは不十分

↓

景品表示法で補完

↓

「過大な景品類の提供」と「不当な表示」を
行う企業活動を制限・禁止して、消費者の
利益を守るのが景品表示法！

15 景品規制について知っておこう

懸賞によらない景品類の提供も景表法の規制対象である

規制内容にはどんなものがあるのか

景表法における景品規制は、景品類の最高額、総額などを規制することにより、消費者の利益を保護するとともに、過大景品による不健全な競争を防止するものです。景品規制については、すべての業種に適用される、①懸賞制限、②総付景品制限、という２つの種類が規定されています。また、特定の業種に対しては、個別の告示によって景品規制が規定されています。

懸賞制限について

懸賞制限については、懸賞の定義と、景品類の価額制限（景品類によって提供できる景品類の最高額と総額の制限）の理解が重要です。

①　懸賞の定義

「懸賞」とは、くじなど偶然性を利用して定める方法、または特定の行為の優劣・正誤によって定める方法によって、景品類の提供の相手もしくは提供する景品類の額を定めることです。たとえば、抽選券やジャンケン、パズル・クイズの正誤、作品などのコンテストの結果の優劣などによって景品類の提供を定める場合が該当します。

なお、景表法の規制を受ける「懸賞」は、「取引に付随」して景品類の提供をする場合に限られるため、一般的に「クローズド懸賞」と言われています。

②　景品類の価額制限

懸賞は、商店街や同業組合などが共同して行う（複数の事業者が参加して行う）とされる「共同懸賞」と、共同懸賞に該当しない「一般懸賞」に分けられます。

まず、一般懸賞の場合、懸賞によって提供できる景品類の価額の最高額は、10万円を限度として取引価額の20倍の金額を超えてはならないとされています。たとえば、取引価額が800円の場合は、16000円までの景品がつけられます。これに対し、共同懸賞の場合は、取引価額にかかわらず、最高額は30万円を限度としています。

また、懸賞類の総額に関する規制もあり、一般懸賞の場合は「懸賞にかかる売上げ予定総額」の２％まで、共同懸賞の場合は「懸賞にかかる売上げ予定総額」の３％までとされています。

なお、上記にいう「取引価額」とは、次のとおりです。

・購入者に購入額に応じて景品類を提供する場合は、その購入金額
・購入金額を問わない場合は、原則100円。ただし、最低価格が明らかに100円を下回るとき、または100円を上回るときは、その価格
・購入を条件としない場合は、原則100円。ただし、最低価格が明らかに100円を上回るときは、その価格

総付景品制限について

総付景品制限は、懸賞の方法によらない場合の規制であり、おもに総付景品の定義と最高限度額の理解が重要です。

■ 景品規制

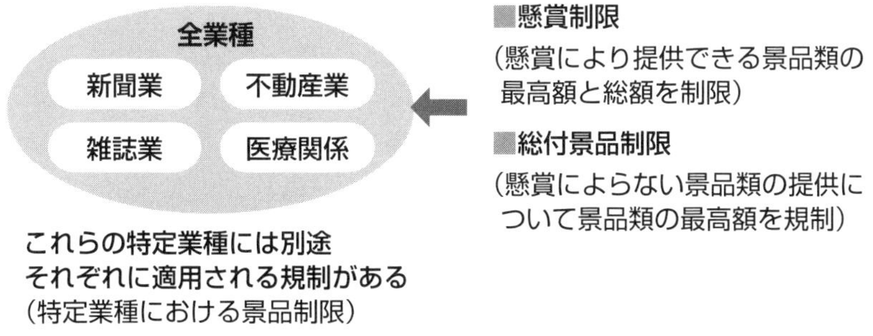

①　総付景品の定義

「総付景品」とは、懸賞の方法によらないで提供される景品類をいいます。具体的には、次のような方法が該当します。

・商品・サービスの購入者全員に景品類を提供する場合

・小売店が来店者全員に景品類を提供する場合

・申込みまたは入店の先着順に景品類を提供する場合

②　最高限度額

総付景品の場合、取引価額が1000円未満のときは、景品類の最高額は一律200円、1000円以上のときは、景品類の最高額は取引価額の10分の２までとされています。

③　適用除外

次の場合で、正常な商習慣に照らして適当と認められるものは、総付景品の提供としての規制対象とはしないとされています。

・商品の販売・使用またはサービスの提供のために必要な物品

・見本などの宣伝用の物品

・自店および自他共通で使える割引券・金額証

・開店披露・創業記念などの行事で提供される物品

■ 一般懸賞における景品類の限度額 ………………………………

懸賞による取引価額	景品類限度額	
	最高額	総　額
5,000円未満	取引価額の20倍	懸賞に係る売上予定総額の２%
5,000円以上	10万円	

■ 共同懸賞における景品類の限度額 ………………………………

景品類限度額	
最高額	総　額
取引価額にかかわらず30万円	懸賞に係る売上予定総額の３%

特定業種における景品制限について

懸賞制限・総付景品制限は、すべての業種に適用されるものです。これに加えて、新聞業・雑誌業・不動産業・医療関係（医療用医薬品業・医療機器業・衛生検査所業）の４つの特定の業種については、別途、適用される制限が設けられています。

これは、これら各業種の実情を考慮して、一般的な景品規制と異なる内容の業種別の景品規制が行われるべきだとして、景表法３条の規定に基づき、告示により指定されているものです。

オープン懸賞について

オープン懸賞とは、事業者が、企業・商品・サービスの知名度・イメージを高めるため、新聞・雑誌・テレビ・ラジオ・Webサイトなどの広告で、「取引に付随」することなく（たとえば、商品・サービスの購入を条件としないで）、一般消費者に懸賞による金品の提供を申し出るものです。事業者が顧客を誘引するために行うものですが、「取引に付随」するものではないため、景表法における規制を受けることがありません。そのため、前述したクローズド懸賞との対比で、一般的に「オープン懸賞」と言われています。なお、提供できる金品について、具体的な上限額の定めはありません。

■ 総付景品の限度額

取引価額	景品類の最高額
1,000円未満	200円
1,000円以上	取引価額の１０分の2

16 不当表示について知っておこう

優良誤認表示・有利誤認表示・その他の不当表示がある

不当表示とは

商品・サービスの品質や価格に関する情報は、消費者が商品・サービスを選ぶ際の重要な判断材料であり、消費者に正しく伝わる必要があります。

商品・サービス（役務）の情報は、パッケージ・パンフレット・チラシ・説明書などの表示や、新聞・雑誌・テレビ・ラジオ・インターネットなどによる広告によって消費者にもたらされます。そして、そこに表示された、商品・サービスの品質・内容・価格・支払条件・数量などの取引条件から商品を選択します。

しかし、ここで行われる「表示」が、実際の内容より著しく優れたものであると示されている場合や、事実と違って他社の商品より優れていると示されている場合、消費者は、商品・サービスの適正な選択を妨げられるという不利益を被ることになります。

景表法による不当表示規制は、不当な顧客の誘引を防ぎ、消費者が適正に商品・サービスの選択ができるようにすることを目的としています。そのため、「不当表示」にあたるかどうかの判断は、当該表示が消費者にどのような印象や認識をもたらすかによることになります。

通常、消費者は、何らかの表示がされていれば、実際の商品・サービスも表示の通りだと考えます。表示と実際のものが違う場合、消費者は、実際の商品・サービスが表示通りの商品・サービスであると誤認することになるでしょう。景表法に規定される不当表示は、このように商品・サービスの内容や取引条件について、消費者に誤認を与える表示のことをいいます。

景表法は、事業者が供給する商品・サービスについて、消費者に対して、不当に顧客を誘引し、消費者の自主的・合理的な選択を阻害するおそれがあると認められるこれらの表示（不当表示）を行うことを禁止しています。

不当表示にはどのような類型があるのか

景表法による不当表示の規制は、次の３つの類型に区分されます。これらの類型を、不当に顧客を誘引し、一般消費者による自主的・合理的な選択を阻害するおそれがあると認められる不当表示として禁止しています。

① **優良誤認表示**

商品・サービスの品質、規格その他の内容についての不当表示

② **有利誤認表示**

商品・サービスの価格その他の取引条件についての不当表示

③ **指定表示**

商品・サービスの取引に関する事項について消費者に誤認されるおそれがあると認めて内閣総理大臣が指定する表示

３つの類型に共通する要件について

前述のとおり、優良誤認表示、有利誤認表示、指定表示（内閣総理大臣が指定する表示）の３つが不当表示規制に該当しますが、これらの類型に共通する要件は、次のとおりです。

① **表示**

景表法上の「表示」とは、「顧客を誘引するための手段として、事業者が自己の供給する商品または役務の内容または取引条件その他これらの取引に関する事項について行う広告その他の表示であって、内閣総理大臣が指定するもの」であると定義されています。そして、景表法上の「表示」として「内閣総理大臣が指定するもの」は、下記の

５つです。

・商品、容器または包装による広告その他の表示およびこれらに添付した物による広告

・見本、チラシ、パンフレット、説明書面その他これらに類似する物による広告その他の表示（ダイレクトメール、ファクシミリ等によるものを含む）および口頭による広告その他の表示（電話によるものを含む）

・ポスター、看板（プラカードおよび建物または電車、自動車等に記載されたものを含む）、ネオン・サイン、アドバルーン、その他これらに類似する物による広告および陳列物または実演による広告

・新聞紙、雑誌その他の出版物、放送（有線電気通信設備または拡声機による放送を含む）、映写、演劇または電光による広告

・情報処理の用に供する機器による広告その他の表示（インターネット、パソコン通信等によるものを含む）

②　顧客を誘引するための手段として行われるもの

事業者の主観的な意図や企画の名目は問題にならず、客観的に見たときに顧客取引のための手段になっているかどうかによって判断されます。また、新規の顧客の誘引にとどまらず、既存の顧客の継続・取引拡大を誘引することも含まれます。

■ 不当表示の類型

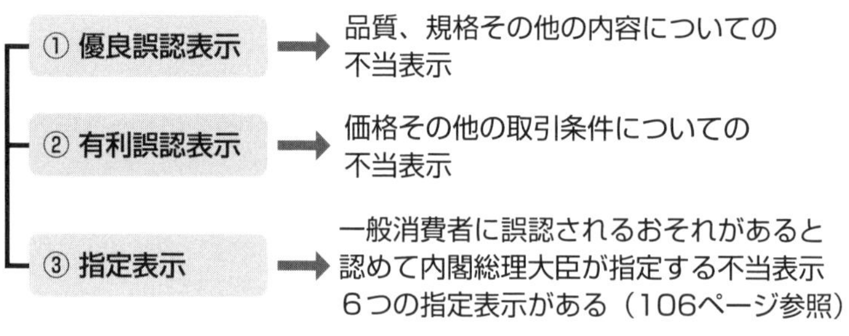

③　**事業者**

営利企業だけではなく、経済活動を行っている者すべてが事業者に該当します。そのため、営利を目的としない協同組合・共済組合や、公的機関・学校法人・宗教法人などであっても、経済活動を行っている限りにおいて事業者に該当します。

④　**自己の供給する商品または役務（サービス）の取引にかかる事項について行うこと**

「自己の」供給する商品・サービスに限られます。そのため、新聞社・放送局・広告会社などが、他社であるメーカーなどの商品・サービスの広告を行う場合は、不当表示規制の対象外となります。

■ 不当表示規制の要件

- **表示**
  - 包装による広告、パンフレット、ポスター、新聞紙、雑誌など、指定されているもの
- **顧客を誘引するための手段として行われるもの**
  - 事業者の主観的な意図ではなく、客観的に判断する
- **事業者**
  - 経済活動を行っている者すべてが含まれる
- **自己の供給する商品・サービスに関する取引について行われる表示**
  - 対象は自社の供給する商品・サービスに限られる
    他社の商品・サービスの広告は含まれない

17 優良誤認表示にあたる場合とは

商品・サービスの品質・規格などの内容についての不当表示

優良誤認表示について

景表法では、商品やサービスの品質、規格などの内容について、実際のものや事実に相違して競争事業者のものより著しく優良であると一般消費者に誤認される表示を優良誤認表示として禁止しています。

ここにいう「著しく」とは、誇張・誇大の程度が社会一般に許容されている程度を超えていることを指します。そして、誇張・誇大が社会一般に許容される程度を超えるものであるか否かは、当該表示を誤認して顧客が誘引されるか否かで判断され、その誤認がなければ顧客が誘引されることが通常ないであろうと認められる程度に達する誇大表示であれば「著しく優良であると一般消費者に誤認される」表示にあたります。

優良誤認表示については、ⓐ内容について、実際のものよりも著しく優良であると一般消費者に対して示す表示、ⓑ内容について、事実に相違して競争事業者のものよりも著しく優良であると一般消費者に対して示す表示、という２つに分類できます。

具体的には、商品・サービスの品質を、実際のものより優れていると広告する場合や、競争事業者が販売する商品よりも特別に優れているわけではないのに、あたかも優れているかのように広告を行うと、優良誤認表示に該当することになります。

消費者庁の資料によると、優良誤認表示の具体例として、以下のようなものがあります。

① 内容について、一般消費者に対し、実際のものよりも著しく優良であると一般消費者に対して示す表示

・国産有名ブランド牛肉であるかのように表示して販売していたが、実はただの国産牛肉で、国産ブランド牛肉ではなかった。
・「入院１日目から入院給付金を支払う」と表示していたが、入院後に診断が確定した場合には、その日からの給付金しか支払われないシステムになっていた。
・天然ダイヤモンドを使用したネックレスのように表示していたが、実は使われているのは、すべて人造ダイヤだった。
・「カシミヤ100％」と表示していたセーターが、実はカシミヤ混用率が50％しかなかった。

②　内容について、事実に相違して競争事業者のものよりも著しく優良であると一般消費者に対して示す表示

・「この機能がついているのはこのスマートフォンだけ」と表示していたが、実は他社のスマートフォンにも同じ機能が搭載されていた。
・健康食品に「栄養成分が他社の２倍」と表示していたが、実は同じ量しか入っていなかった。

■ 優良誤認表示

1 実際のものよりも著しく優良であると示すもの
2 事実に相違して競争関係にある事業者に係るものよりも著しく優良であると示すもの

↓ であって

不当に顧客を誘引し、一般消費者による自主的かつ合理的な選択を阻害するおそれがあると認められる表示

↓

優良誤認表示の禁止

（具体例）
・商品・サービスの品質を、実際よりも優れているかのように宣伝した
・競争業者が販売する商品・サービスよりもとくに優れているわけではないのに、あたかも優れているかのように宣伝する行為

18 不実証広告規制とは

合理的な根拠を有しないまま表示をして販売をしてはいけない

優良誤認表示に関する不実証広告規制とは

不実証広告規制とは、消費者が適正に商品やサービスを選択できる環境を守るための規制です。景表法では、内閣総理大臣（内閣総理大臣から委任を受けた消費者庁長官）は、商品の内容（効果・効能など）について、優良誤認表示に該当するか否かを判断する必要がある場合には、期間を定めて、事業者に対して、表示の裏付けとなる合理的な根拠を示す資料の提出を求めることができます。提出期限は、原則として、消費者庁長官が資料の提出を求める文書を交付した日から15日を経過するまでの期間（正当な事由がある場合を除く）とされ、厳しいものとなっています。この期限内に事業者が求められた資料を提出できない場合には、当該表示は優良誤認表示とみなされます。

「合理的な根拠」の判断基準

合理的な根拠の判断基準としては、以下の要素が必要です。

① 提出資料が客観的に実証された内容のものであること

客観的に実証された内容のものとは、次のいずれかに該当するものをいいます。

ⓐ 試験・調査によって得られた結果

試験・調査は、関連する学術界または産業界で一般的に認められた方法または関連分野の専門家多数が認める方法により実施する必要があります。学術界または産業界で一般的に認められた方法または関連分野の専門家多数が認める方法が存在しない場合には、社会通念上および経験則上妥当と認められる方法で実施する必要があります。上記の方法で実施されている限り、事業者自身や当該事業者の関係機関が行った試験・調査であっても、表示の裏付けとなる根拠として提出することが可能です。

なお、消費者の体験談やモニターの意見等を根拠として提出する場合には、統計的に客観性が十分に確保されている必要があります。

ⓑ　専門家、専門家団体若しくは専門機関の見解または学術文献

見解・学術文献の基準とは、専門家等が客観的に評価した見解または学術文献で、当該専門分野で一般的に認められているものが求められます。

②　表示された効果、性能と提出資料によって実証された内容が適切に対応していること

提出資料がそれ自体として客観的に実証された内容のものであることに加え、表示された効果、性能が提出資料によって実証された内容と適切に対応していなければなりません。

■ 不実証広告規制の対象となる具体的な表示

1　ダイエット食品の痩身効果

食事制限をすることなく痩せられるかのように表示していた

2　生活空間におけるウィルス除去等の効果

商品を使用するだけで、商品に含まれる化学物質の効果により、身の回りのウィルスを除去するなど、周辺の空間を除菌等するかのように表示をしていた

3　施術による即効性かつ持続性のある小顔効果

施術を受けることで直ちに小顔になり、かつ、それが持続するかのように表示をしていた

4　高血圧等の緩解または治癒の効果

機器を継続して使用することで頭痛等が緩解するだけでなく治癒するかのように、また、高血圧等の特定の疾病もしくは症状も緩解または治癒するかのように表示をしていた

19 有利誤認表示にあたる場合とは

価格などの取引条件についての規制

有利誤認表示について

景表法では、商品やサービスの価格などの取引条件について、実際のものや事実に相違して競争事業者のものよりも著しく有利であると一般消費者に誤認される表示を有利誤認表示として禁止しています。

また、景表法では、有利誤認表示のひとつとして、不当な二重価格表示を禁止しています。二重価格表示は、その内容について適正な表示が行われている場合には、一般消費者の適正な商品選択に資する面がありますが、比較対照価格の内容について適正な表示が行われていない場合には、有利誤認表示に該当するおそれがあります。

有利誤認表示は、次の２つに分類されます。

① 価格やその他の取引条件について、実際のものよりも著しく有利であると一般消費者に誤認される表示

・住宅ローンについて、「○月○日までに申し込めば優遇金利」と表示したが、実際には、優遇金利は借入れ時期によって適用が決まるものであった。

・みやげ物の菓子について、内容の保護としては許容される限度を超えて過大な包装を行っていた。

② 価格やその他の取引条件が、競争事業者のものよりも著しく有利であると一般消費者に誤認される表示

・他社の売価を調査せずに「地域最安値」と表示したが、実は近隣の店よりも割高な価格だった。

・「無金利ローンで買い物ができるのは当社だけ」と表示したが、実は他社でも同じサービスを行っていた。

不当な二重価格表示における問題点

「当店通常価格」「セール前価格」などといった過去の販売価格を比較対照価格とする二重価格表示を行う場合に、同一の商品について最近相当期間にわたって販売されていた価格とはいえない価格を比較対照価格に用いるときは、当該価格がいつの時点でどの程度の期間販売されていた価格であるかなど、その内容を正確に表示しない限り、不当表示に該当するおそれがあります。

ある比較対照価格が「最近相当期間にわたって販売されていた価格」にあたるか否かは、当該価格で販売されていた時期および期間、対象となっている商品の一般的価格変動の状況、当該店舗における販売形態等を考慮しつつ、個々の事案ごとに検討されます。一般的には、二重価格表示を行う最近時において、当該価格で販売されていた期間が、当該商品が販売されていた期間の過半を占めている場合には、「最近相当期間にわたって販売されていた価格」とみてよいとされています。

■ 有利誤認表示

1 実際のものよりも取引の相手方に著しく有利であると一般消費者に誤認されるもの

2 競争事業者に係るものよりも取引の相手方に著しく有利であると一般消費者に誤認されるもの

↓ であって

不当に顧客を誘引し、一般消費者による自主的かつ合理的な選択を阻害するおそれがあると認められる表示

↓

有利誤認表示の禁止

（具体例）

・商品･サービスの取引条件について、実際よりも有利であるかのように宣伝した

・競争業者が販売する商品・サービスよりもとくに安いわけでもないのに、あたかも著しく安いかのように宣伝する行為

20 指定表示に該当する場合とは

一般消費者に誤認されるおそれがあると認められ、内閣総理大臣が指定する表示

その他誤認されるおそれのある表示（指定表示）

景表法には、法自体に要件が定められている優良誤認表示・有利誤認表示の２つの不当表示の他に、内閣総理大臣が指定する不当表示があります。複雑化し、高度化した現代の経済社会においては、優良誤認表示・有利誤認表示だけでは、消費者の適正な商品選択を妨げる表示に十分な対応ができないため、「指定表示」が設けられています。

現在は、次の６つが指定されています。

①　無果汁の清涼飲料水等についての表示

対象となる商品は２つあります。１つは、原材料に果汁や果肉が使われていない容器・包装入りの清涼飲料水など（清涼飲料水・乳飲料・発酵乳・乳酸菌飲料・粉末飲料・アイスクリーム類・氷菓）です。もう１つは、原材料に僅少な量の果汁や果肉が使われている容器・包装入りの清涼飲料水などです。

これらの商品について、無果汁・無果肉であることや、果汁・果肉の割合を明瞭に記載しないのに、果実名を用いた商品名の表示などをすることが不当表示となります。

②　商品の原産国に関する不当な表示

２つの行為類型が規定されています。１つは、国産品について外国産品と誤認されるおそれのある表示です。もう１つは、外国産品について国産品・他の外国産品と誤認されるおそれのある表示です。これらの表示が不当表示であると規定されています。

③　消費者信用の融資費用に関する不当な表示

消費者に対するローンや金銭の貸付において、実質年率が明瞭に記

載されていない場合は不当表示にあたると規定されています。

④　おとり広告に関する表示

広告・チラシなどで商品・サービスがあたかも購入できるかのように表示しているが、実際には記載された通りに購入できないものであるにもかかわらず、消費者がこれを購入できると誤認するおそれがあるものが不当表示であると規定されています。具体例としては、次のものが不当表示となります。

・セール期間中のチラシに「超特価商品10点限り！」と表示しているにもかかわらず、実際には、その商品を用意していなかった、または表示していた量より少ない量の商品しか用意していなかった。

⑤　不動産のおとり広告に関する表示

具体例としては、次のものが不当表示となります。

・不動産賃貸仲介業者が、Webサイトである賃貸物件を掲載していたが、実際にはその物件はすでに契約済みであった。

⑥　有料老人ホームに関する不当な表示

具体例としては、次のものが不当表示となります。

・有料老人ホームが、入居希望者に配ったパンフレットには24時間の看護体制をとっていると表示していたが、実際には24時間体制はとっておらず、事実とは異なるものであった。

■ 内閣総理大臣が指定する不当表示

- **1**　無果汁の清涼飲料水等についての表示
- **2**　商品の原産国に関する不当な表示
- **3**　消費者信用の融資費用に関する不当な表示
- **4**　おとり広告に関する表示
- **5**　不動産のおとり広告に関する表示
- **6**　有料老人ホームに関する不当な表示

Q **自社の商品の評判を上げるために、口コミサイトに自社の商品について優れた商品であるなどの自作自演のコメントを書き込むことは、違法なのでしょうか。**

A 口コミサイトは、商品を購入したり、サービスを利用したりした感想を書き込み、情報交換を行うためのサイトのことです。口コミサイトを閲覧した人は、そこでの評価を参考にして商品を購入したり、サービスを提供しているお店を選んだりすることがあります。口コミサイトに投稿する人については、実際に商品を購入した人や、サービスを利用した人が想定されています。

しかし、自分の店舗や会社の商品に関する口コミを、実際に購入・利用した消費者を装って評価を上げるコメントを書き込むや、口コミ代行業者などの第三者に依頼して高評価の口コミを投稿してもらうことが問題視されています。

企業の商品広告で「お客様の声」というのを掲載していることがありますが、このような場合には見る人も広告の一部だということを承知の上で見るものです。しかし、口コミサイトで利用者を装ってなされた口コミは実際には宣伝と同じなのですが、サイトを見た人は口コミが業者による商品やサービスの宣伝ということに気づかず、「たくさんの人が高評価をつけている商品だ」と商品を実際よりも過大に評価して商品を買ってしまうということがありえます。

このような口コミサイトへの書き込みについて、消費者庁が公表している「インターネット消費者取引に係る広告表示に関する景品表示法上の問題点及び留意事項」によると、「商品・サービスを提供する事業者が、顧客を誘引する手段として、口コミサイトに口コミ情報を自ら掲載し、または第三者に依頼して掲載させ、当該『口コミ』情報が、当該事業者の商品・サービスの内容または取引条件について、実際のものまたは競争事業者に係るものよりも著しく優良または有利であると一般消費者に誤認されるものである場合には、景品表示法上の不当表示として問題となる」としています。

つまり、①事業者が自社の商品やサービスについて書き込んだ（書き込ませた）だけでは違法とはなりませんが、②実際の商品・サービスよりも著しく優れていると表示したり、他社の商品・サービスよりも著しく有利であると表示したりするような場合は、不当表示の問題になるということです。

たとえば、サプリメントやダイエット食品の口コミで、合理的な根拠もなく、「食べ続けるだけで痩せた」「肌がきれいになった」「筋肉が付いた」などのコメントを書き込むことや、店舗の経営者や関係者がその店舗について５つ星の評価を大量に投稿して口コミサイトの順位を変動させるようなことが、不当表示にあたるといえます。

このような不当表示にあたる書き込みをした場合は、書き込みの差止めなどの措置命令がなされる可能性があり、さらにこの措置命令に違反した場合は、２年以下の懲役または300万円以下の罰金が科される可能性があります。

■ 口コミサイトと景品表示法の規制

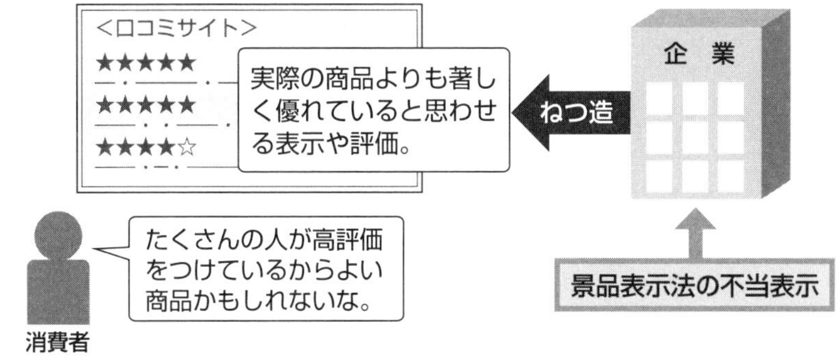

21 措置命令について知っておこう

不当表示に関して調査し、是正・排除を求める権限を持つ

消費者庁の措置命令ではどんなことを命じられるのか

景表法に違反する過大な景品類の提供（４条）や不当表示（５条）が行われている疑いがある場合、消費者庁は、事業者から事情を聴取したり、資料を収集したりして調査を実施します。

その結果、事業者が景表法違反の過大な景品類の提供や不当表示をしていると判断した場合、消費者庁は、その事業者に対し、違反行為の差止め、一般消費者に与えた誤認の排除、再発防止策の実施、今後違反行為をしないことなどを命ずる行政処分を行います。このような行政処分のことを措置命令といいます。

なお、公正取引委員会にも景表法違反に関する調査を行う権限はありますが、措置命令を行う権限はありません。

消費者庁の措置命令が出される場合と手続き

景表法では、内閣総理大臣が措置命令などの権限を行使すると規定しています。しかし、過大な景品類の提供や不当表示を取り締まるのは、景表法を所管する消費者庁の役割です。そこで、消費者庁が措置命令に関する手続きを進めて行くことになります。景表法に違反する行為に対する措置命令の手続のおもな流れは、以下のとおりです。

①　調査のきっかけとなる情報の入手

景表法違反の調査は、違反行為として疑われる情報を入手することがきっかけで始まります。違反事件の調査を始めるきっかけとなる情報をつかむことを端緒といいます。景表法においては、端緒に法的な限定はありません。一般的には、一般消費者・関連事業者・関連団体

からの情報提供や、職権による探知などがあります。

② 調査

景表法違反の行為に関する調査のための権限および手続は、一般的な行政調査権と同じ手続によって行われるのが原則です。

調査の主体は、消費者庁から公正取引委員会に委任されていますが、消費者庁自身も調査できるとしているので、消費者庁と公正取引委員会の双方がそれぞれ、または共同して調査を行っています。

③ 事前手続（弁明の機会の付与）

行政庁が不利益処分（名宛人の権利を制限し、または名宛人に義務を課する処分）を行う場合には、その処分の相手（名宛人）となるべき者の権利保護のため、事前手続として弁明の機会を付与することが必要です。措置命令も不利益処分に該当しますので、消費者庁は事業者に対し、事前に弁明の機会を付与しなければなりません。

なお、不当表示のうち優良誤認表示が疑われる事実がある場合、消費者庁は、事業者に対して、期間を定めて表示の裏付けになる合理的な根拠を示す資料の提出を求めることができます。提出ができないと、措置命令に際し事業者は不当表示を行ったとみなされます。

以上の手続きを経て、なお事業者が不当表示や過大な景品類の提供を行っていると判断した場合には、消費者庁が措置命令を行います。

措置命令はどのような内容なのか

措置命令の内容は、主文、事実、法令の適用、法律に基づく教示の４つの項目からなっています。また、主文では、次の事項が命じられることになります。

・**差止命令**

過大な景品や不当な広告などを中止すること

・**再発防止策の実施**

今後、同様の行為を行わないこと、同様な表示が行われることを防

止するための必要な措置を講じ、役職員に徹底すること

・差止命令や再発防止策実施に関する公示

違反行為があった事実について、取引先への訂正通知や一般消費者に向けて新聞広告などを行うこと

・その他必要な事項

措置命令に基づき行ったことを消費者庁長官に報告することなど

措置命令に不服がある場合はどうする

措置命令を不服として争うための手続は、行政不服審査法に基づく審査請求、または行政事件訴訟法に基づく取消訴訟です。

審査請求は、行政機関への申立てによって措置命令の取消しを請求する場合であり、措置命令を知った日の翌日から起算して３か月以内かつ措置命令の日の翌日から起算して１年以内に、書面で消費者庁長官に対して申し立てます。

これに対し、取消訴訟は、裁判所への訴訟の提起によって措置命令の取消しを請求する場合であり、措置命令を知った日の翌日から起算して６か月以内かつ措置命令の日の翌日から起算して１年以内に、国

■ 措置命令の手続

調査のきっかけ（端緒）となる情報の入手

↓

消費者庁と公正取引委員会の双方による調査

↓

事前手続（弁明の機会の付与）

↓

事業者が過大な景品類の提供や不当表示を行っていると判断した場合には、消費者庁が措置命令を行う

（法務大臣）を被告として訴訟を提起します（審査請求を行った場合には、その裁決があった日の翌日から起算します）。

都道府県知事によって措置命令が行われることもある

措置命令については、消費者庁のみでは景表法に違反するかどうかの判断などについて限界がある点や、地方主導で措置命令が行われることが適切である場合もある点から、措置命令を行う権限が都道府県知事にも付与されています。また、公正取引委員会や関係省庁にも景表法に違反するかどうかの調査を行う権限が付与されています。

確約制度と直罰制度の新設

令和５年成立の景表法改正で、過大な景品類の提供や不当表示の疑いのある事実が認められる事業者が是正措置計画を申請し、消費者庁長官から認定を受けた場合、当該事実について措置命令や課徴金納付命令の適用を受けないとする制度（確約手続）が新設されました。

また、不当表示のうち優良誤認表示と有利誤認表示に対して、直罰制度（措置命令などの行政処分を経ることなく直ちに罰則が適用される制度）が新設されました。

■ 措置命令を不服として争うための手続

審査請求は書面で消費者庁長官に対して申し立てる

措置命令を知った日の翌日から起算して３か月以内かつ措置命令の日の翌日から起算して１年以内に申し立てる

訴訟によって措置命令の取消しを請求する場合

措置命令を知った日の翌日から起算して６か月以内かつ措置命令の日の翌日から起算して１年以内に、国（法務大臣）を被告として取消訴訟を提起する

22 課徴金制度について知っておこう

不当表示に対する経済的な制裁制度

課徴金制度とは

かつて不当表示等（景表法に違反する過大な景品類の提供および不当表示）に対する強制的な措置としては、消費者庁を中心に、違反行為の差止めや再発防止のための措置を求める行政処分である措置命令が行われるのみでした。しかし、大規模な事業者による食品偽装事例が相次ぎ、消費者の利益が侵害される程度が著しいことから、より積極的に不当表示等に対する対策が必要になりました。そこで、課徴金制度が創設され、不当表示等の歯止めになることが期待されています。

不当表示には、①優良誤認表示、②有利誤認表示、③指定表示の3種類があります（97ページ）。これらのうち、課徴金制度の対象になる不当表示は、①優良誤認表示が行われた場合と、②有利誤認表示が行われた場合に限定されています。さらに、過大な景品類の提供は課徴金納付命令の対象とされていません。

また、消費者庁は、事業者が提供する商品・サービスの内容について、優良誤認表示に該当するかどうかを判断するために必要があると認める場合、事業者に対し、優良誤認表示にあたらないことについて合理的な根拠資料の提出を求めることができます。この場合、そのような資料を事業者が提出できないときは、その表示が優良誤認表示に該当すると推定され、課徴金納付命令の対象となります。この不実証広告規制は、措置命令との関係では「優良誤認表示に該当するとみなされる」ことになりますが（102ページ）、課徴金納付命令との関係では「優良誤認表示に該当すると推定される」ことになります。

ただし、事業者が課徴金対象行為（課徴金納付命令の対象となる不当表示）をした場合であっても、課徴金対象行為に該当することを知らず、かつ、知らないことについて相当の注意を怠った者でない（正常な商慣習に照らし必要とされる注意をしていた者）と認められるときは、課徴金納付命令の対象となりません。

また、課徴金額が150万円未満（事業者が課徴金対象行為をした商品・サービスの「売上額」が5000万円未満）であるときも、課徴金納付命令の対象となりません。

課徴金額の決定

課徴金納付命令を行うための要件を満たすと、消費者庁は、事業者に対して課徴金納付命令を行います。このとき、納付を命じる課徴金の金額は、次のような基準で決定されます。

課徴金納付命令の基礎になる不当表示の期間（課徴金対象期間）については、原則として、①課徴金対象行為をした期間、②課徴金対象行為を止めた日から最大6か月以内に取引をした期間、が課徴金対象期間となります。もっとも、①②の期間が3年を超えるときは、当該期間の末日からさかのぼって3年間が課徴金対象期間となります。つまり、課徴金対象期間が3年を超えることはありません。

また、課徴金額は、課徴金対象行為に関する商品・サービスの「売上額」の3％になります。具体的には、課徴金対象期間に課徴金対象行為を行った商品・サービスの売上金額の3％が課徴金として課されることになります。

なお、令和5年成立の景表法改正で、課徴金の計算の基礎となるべき事実を把握できない期間における売上額を推計できる規定が整備されました。

具体的には、課徴金納付命令をする場合において、事業者が課徴金対象行為に関する課徴金の計算の基礎となるべき事実について報告を求められたにもかかわらずその報告をしないときは、消費者庁長官は、当該事業者に関する課徴金対象期間のうち「当該事実の報告がされず課徴金の計算の基礎となるべき事実を把握することができない期間」における売上額を、当該事業者または当該課徴金対象行為に関する商品・サービスを供給する他の事業者もしくは当該商品・サービスの供給を受ける他の事業者から入手した資料その他の資料を用いて、合理的な方法により推計して、課徴金の納付を命じることができるようになりました。

もう一つ、令和５年成立の景表法改正で、違反行為からさかのぼって10年以内に課徴金納付命令を受けたことがある事業者に対し、課徴金の額を1.5倍に加算する規定が新設されました。

具体的には、事業者が、基準日（課徴金対象行為に関する事案について、報告徴収等や資料の提出の求めなどが行われた日のうち最も早い日のこと）からさかのぼって10年以内に、課徴金納付命令（当該課徴金納付命令が確定している場合に限ります）を受けたことがあり、かつ、当該課徴金納付命令の日以後において課徴金対象行為をしていた者であるときは、課徴金額が「３％」ではなく「4.5％」となり、課徴金額が1.5倍に加算されることになりました。

■ 課徴金納付命令の流れ

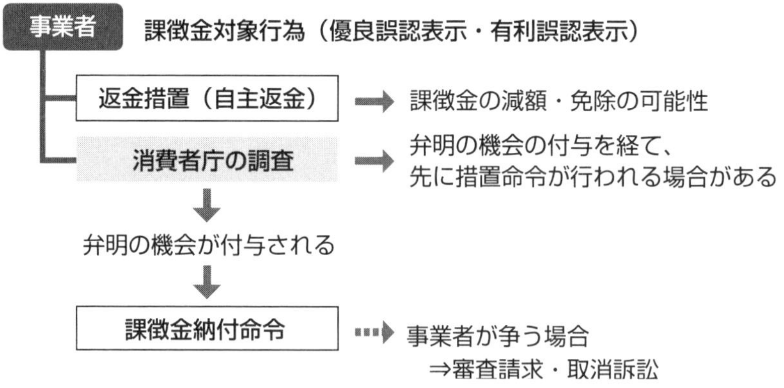

返金措置による課徴金額の減額・免除

事業者が、返金措置の実施に関する計画を作成し、消費者庁長官の認定を受けるなど、所定の手続に従い消費者に返金措置を行った場合には、返金相当額を課徴金額から減額するか、返金相当額が課徴金額以上の場合にはその納付を命じません（免除）。

ここで「返金措置」とは、課徴金対象期間に事業者が課徴金対象行為をした商品・サービスの取引をしたことが特定される一般消費者から申出があった場合に、その申出をした一般消費者の購入額に３％を乗じた額以上の金銭などを交付するものです。

この返金措置について、令和５年成立の景表法改正で、一般消費者への返金方法として、金銭による返金に加えて、第三者型前払式支払手段（電子マネーなど）も許容されることになりました。

■ 課徴金制度をめぐる改正のまとめ ……………………………

1 事業者の自主的な取り組みの促進

- 優良誤認表示等の疑いのある表示等をした事業者が是正措置計画を申請し、内閣総理大臣から認定を受けたときは、当該行為について、措置命令及び課徴金納付命令の適用を受けないこととすることで、迅速に問題を改善する制度を創設した
  ⇒ **景表法26条～33条**
- 特定の消費者へ一定の返金を行った場合に課徴金額から当該金額が減額される返金措置に関して、返金方法として金銭による返金に加えて第三者型前払式支払手段（電子マネー等）が許容された
  ⇒ **景表法10条**

2 違反行為に対する抑止力の強化の見直し

- 課徴金の計算の基礎となるべき事実を把握することができない期間における売上額を推計することができる規定を整備した
  ⇒ **景表法８条４項**
- 違反行為からさかのぼり10年以内に課徴金納付命令を受けたことがある事業者に対し、課徴金の額を加算（1.5倍）する規定を新設した
  ⇒ **景表法８条５項及び６項**

Q インターネット上での医薬品や化粧品を販売するにあたって、どのような法的規制があるのでしょうか。

A 私たちが生活の中で接する機会がある医薬品には、医師等（医師または歯科医師）の処方箋がある場合に入手できる医療用医薬品と、それ以外の医薬品である一般用医薬品（OTC医薬品）があります。さらに、一般用医薬品については、効能や副作用の程度に応じて、第１類医薬品・第２類医薬品・第３類医薬品に区分されています。

かつては、医薬品の販売は第３類を除いて対面販売によって行わなければならないとされていましたが、現在では、一般用医薬品であれば、第１類・第２類・第３類を問わず、インターネット上で販売することができます。ただし、第１類医薬品は薬剤師のみが販売可能で、ネット販売を行う場合は、薬剤師などの専門家の情報提供に基づいて消費者が購入する制度を整えなければなりません。第１類医薬品では、この情報提供は義務付けられているのに対して、第２類・第３類医薬品では、消費者から購入時に相談があった場合に情報提供をしなければならないとされています。

●医薬品のネット販売ができない場合

一般用医薬品であっても、スイッチ直後品目と毒薬・劇薬に指定されている医薬品については、例外的にネット販売をすることができないとされています。これらを「要指導医薬品」といいます。

要指導医薬品は、例外的に一般用医薬品であっても対面販売によって購入しなければなりません。したがって、一般用医薬品のネット販売が原則可能になった現在においても、要指導医薬品のように例外があるということができます。

これに対し、医療用医薬品については、ネット販売はできず、薬局での対面販売によってのみ購入できる医薬品であることに注意が必要です。

●化粧品のネット販売の場合

化粧品は、医薬品や医療機器などと同様に、医薬品医療機器等法（医薬品、医療機器等の品質、有効性及び安全性の確保等に関する法律）の規制対象です。したがって、海外から化粧品を輸入してネットショップで国内向けに販売する場合は、原則として都道府県知事に申請書を提出し、①保管についての化粧品製造業許可（包装・表示・保管）、②市場への出荷についての化粧品製造販売業許可を取得することが必要です。また、許可取得後に品目ごとに化粧品輸入届や化粧品製造販売届出書の提出も必要です。

これに対し、国内の化粧品製造業者や輸入業者から化粧品を仕入れてネットショップで国内向けに販売する場合であれば、医薬品医療機器等法に基づく許可は不要です。

■ 医薬品販売業の種類 ……………………………………………

種 類	内 容	必要な許可
店舗販売業	一般用医薬品を店舗で販売・授与する業務	店舗の所在地の都道府県知事許可
配置販売業	基準を満たす一般用医薬品を家庭などに配置することにより販売・授与する業務	配置する地域の都道府県知事許可
卸売販売業	医薬品を、薬局開設者や医薬品の製造販売業者などに対し、販売・授与する業務	営業所の所在地の都道府県知事許可

※申請書類の提出先は保健所など。
店舗販売業について、その店舗の所在地が保健所を設置する市または特別区（東京 23 区）の区域の場合、許可権者は市長または区長。
医薬品販売業を取得した者の他に、薬局開設者も業務として医薬品を販売することができる。

Q **医薬品や化粧品のネットショップのwebサイトに、購入・使用してもいない商品について、評判を上げるためにウソの性能・効果をレビュー投稿することは、法律上問題があるのでしょうか。**

A 医薬品や化粧品などの広告については、数年前に、ブログなどのWebサイトを運営して、ある商品・サービスを高評価して紹介し、そのサイトを閲覧した人がその商品・サービスを購入することで収入を得ている、アフィリエイターによる虚偽のレビュー投稿が大きな社会問題となりました。

医薬品や医薬部外品、医療機器、化粧品などの販売に関しては、「医薬品、医療機器等の品質、有効性及び安全性の確保等に関する法律」(「医薬品医療機器等法」または「薬機法」と省略されています）という法律が広告表現に対する規制を定めています。おもな規制として、医薬品等の製造方法や効能・効果、性能について、虚偽や誇大広告をすることを禁止しています。

たとえば、「この化粧品で肌がリフトアップされて若返った」などのレビューは、医薬品医療機器等法に違反します。この医薬品医療機器等法による規制は、「何人も」対象となります。そのため、製造業者だけでなく、webサイトやSNSの運営者や広告主、ライター、アフィリエイター、インフルエンサーなども対象となります。

医薬品医療機器等法の禁止に違反する行為をすると、課徴金が徴収される可能性があります。この課徴金制度にも対象者の限定がなく、webサイトやSNSの運営者や広告主、アフィリエイター、インフルエンサーなども対象となります。

その他、健康増進法が規定する食品の健康増進効果に関する誇大表示の禁止に違反する行為をすると、勧告・命令を受け、命令にも従わないと罰則の対象になります。

第3章

ネットショップやオークションをめぐるトラブル解決の知識

1 ネットオークションと通信販売について知っておこう

無用なトラブルを避けるために工夫しなければならないことがある

ネットオークションとは

ネットオークションは、電子商取引と言われる商取引の中でも、消費者同士の間で行われることが多い取引です。ネットオークションが消費者同士の間で行われる場合には、対等な当事者間での取引となるため、消費者契約法などの消費者保護に関する法律は適用されず、民法が適用されるのが原則です。

ネットオークションは、自分には不要となった中古品でも気軽に売買することができるため、非常に効率のよい取引といえます。開始時の価格は、出品者側が好きなように決めることができるため、自由度の高い取引ということもできます。

しかし、ネットオークションも取引のひとつですから、売買が禁止されている物を出品したり、許可がないと売買してはいけないものを無許可で出品したりすることはできません。

また、ほとんどのオークションサイトは、オークションの場を提供しているにすぎないという立場をとっています。実際に取引をする場合には、たとえば、代金は前払いにせずに商品との代金引換で受け取るようにするなど、トラブルになりそうなことは避けるようにして、自己責任で行う必要があります。

トラブルを避けるためには、利用者が疑問点や不審点を確認できるようなシステムであるかチェックすることです。また、金銭をめぐる事項に関しては、とくに消費税の有無の他、商品の送料や代金引換の場合の手数料などについては、どちらが負担するのかを明確にしておくことがトラブル防止につながります。さらに、商品に欠陥があった場合に返品を受け付けるのかどうかという点についても、取引前に確認できるようにしましょう。

個人が商品を出品する場合の注意点

消費者である個人が出品者となる場合は、特定商取引法の規制を受けないのが原則です。しかし、出品数や落札額が非常に多くなると「事業者」に該当するとみなされ、特定商取引法の規制を受ける可能性があります。

たとえば、消費者庁・経済産業省が公表している「インターネット・オークションにおける『販売業者』に係るガイドライン」では、以下のいずれかにあてはまる場合に「事業者」に該当する可能性が高いことを示しています。

① 過去１か月に200点以上または一時点において100点以上の商品を新規出品している場合
② 落札額の合計が過去１か月に100万円以上である場合
③ 落札額の合計が過去１年間に1,000万円以上である場合

■ ネットオークションのしくみ

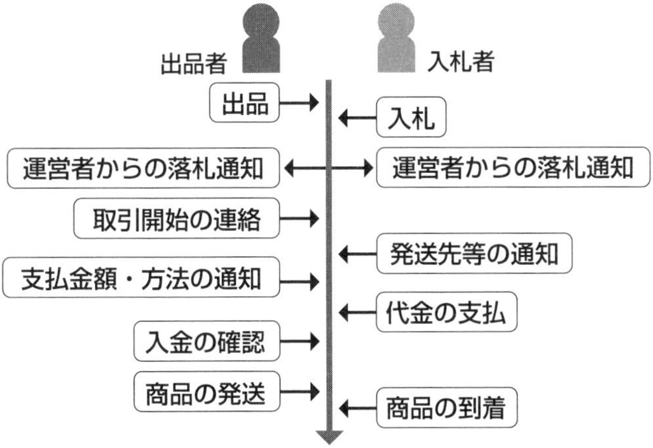

Q 商品に不具合があった場合には、買主はどんな請求をしてくる可能性があるのでしょうか。新品と中古品で請求内容に違いはありますか。

A ネット通販による商品購入も民法が規定する売買契約にあたります。売買契約を行う当事者にはそれぞれに権利と義務があります。売主（ネットショップ）は契約の内容に適合した商品を買主（商品の購入者）に引き渡す義務を負い、買主はそのような商品を受け取る権利があります。他方、売主は商品の代金を受け取る権利があり、買主は商品の代金を支払う義務があります。

売買契約などのお互いに義務を負うような契約では、お互いが負担する義務のバランスが取れている状態だといえます。しかし、商品にキズや不具合（欠陥）があると、そのバランスが崩れるので、売主は損害賠償や代金減額などによって埋合せをしなければなりません。また、埋合せだけでは買主が契約を締結した目的が達成できない場合などには、買主による契約の解除を認める必要があるでしょう。このような売買契約の効力のことを売主の契約不適合責任といいます。

たとえば、ネットショップで新品の空気清浄機を購入したが、届いた空気清浄機に不具合があり、粉じんを除去しなかったというケースを考えてみましょう。この場合、粉じんを除去しないという不具合があるので、売主は契約の内容に適合した空気清浄機を提供したとはいえません。この場合、買主は、売主に対して、追完請求権、代金減額請求権、損害賠償請求権、契約解除権を行使できます。売主であるネットショップとしては、販売した商品に欠陥がある場合、買主からこれらの権利の行使を受けることを想定しておかなければなりません。

上記の場合、空気清浄機は新品ですから、売主の在庫状況に問題なければ、同じ種類の空気清浄機を買主に送付できる状況です。したがって、買主は追完請求権を行使して、商品の交換を請求する形になるでしょう。商品の交換は「代替物の引渡し」に該当すると考えられます。民法では、契約解除に該当する返品・返金について、一定の条件を設けています。しかし、買主が返品・返金を希望する場合は、できる限りその希望を尊重して返品・返金に応じるべきでしょう。

●中古品に欠陥がある場合

たとえば、中古自転車を販売するネットショップが、自社の在庫の中から買主の指定した中古自転車を販売したが、チェーンの不具合で販売した中古自転車が走行できない状況にあったとします。

この場合、代わりの中古自転車がないため、買主が追完請求権を行使して、中古自転車の修理を請求することが考えられます。また、買主が自分で修理できる（または近隣の自転車店で修理できる）状況であれば、修理代を損害額として請求するか（損害賠償請求権）、または値引きを請求する（代金減額請求権）ことも考えられます。修理不能な状況であれば、買主が直ちに返品・返金を請求することも考えられます（契約解除権）。これらの請求を受ける可能性を、売主としては想定しておくことが求められます。

■ 契約の内容に適合しない商品を引き渡された買主の採り得る手段

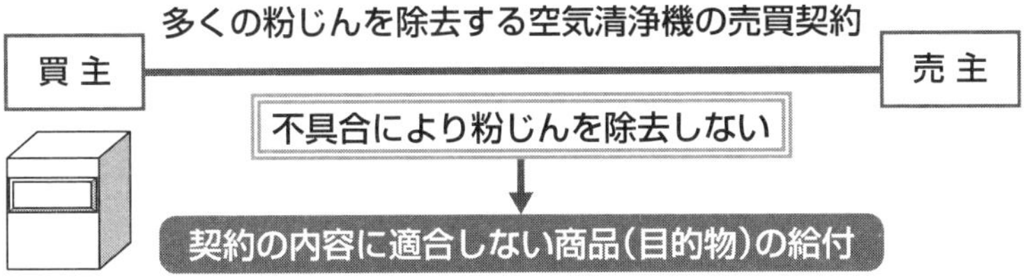

買主が採り得る手段
- ① 追完請求権
- ② 代金減額請求権
- ③ 損害賠償請求権・契約解除権

⇒①～③の請求権を保全するために、契約の内容に適合しないことを知った時から１年以内に、買主から売主に「通知」が必要（数量や権利の契約不適合に関しては通知不要）

Q **ネットショッピングなどで、未成年者はどんな場合に取消しをすることができるのでしょうか。**

A 民法では、未成年者を18歳未満の人（令和４年３月までは20歳未満の人でした）であるとし、未成年者が法定代理人（親権者）の同意を得ずに締結した契約を取り消すことができるとしています。取消しの意思表示は、法定代理人も未成年者も単独で行うことができます。

たとえば、17歳の人が親の同意を得ずにネットショップで買い物をした場合は、未成年者が法定代理人の同意を得ずにした契約なので取消しができます。取消しの意思表示が行われると、ネットショップは、未成年者に代金の支払いを請求できなくなります。一方、商品が発送前の場合は、その商品を発送する必要はなく、商品が未成年者の元に届いている場合は、返品を請求することができます。

●未成年者のクレジットカードによる買い物と取消し

おもなクレジットカードの会員規約においては、名義人以外が不正利用した場合における会員の責任を限定しています。

具体的には、①カード情報を管理する善管注意義務に違反した場合、②会員の家族や同居人の不正利用の場合、③会員の故意または重過失による場合、という３つのケースのいずれにも該当しない不正利用であれば、会員に支払義務が生じないとしているものが多いです。裏を返せば、①～③のいずれかに該当する不正利用については、会員に支払義務が生じることになります。

ネットショッピングでクレジットカードを利用する場合、１回利用すればクレジットカードの情報がパソコンやスマートフォンに保存され、次回からはカード情報の入力を省略してカード決済を利用できることがあります。これは大変便利な機能である反面、なりすましが起こりやすくなる危険性をあわせ持っています。ネットショップとしては、たとえば、利用頻度の低い顧客がカード決済による大量購入をした場合、商品発送前に電話などで購入の意思を再確認するなど、顧客情報の管理に十分な注意が必要といえるでしょう。

●商品の返品について

商品の購入について「未成年者」「なりすまし」「錯誤」などの理由がある場合、商品が手元に届いているときには、その商品の返品を請求することができる場合があります。

「未成年者」は、商品を購入したのが未成年者の場合です。未成年者が法定代理人の同意を得ないで交わした契約は、原則として取消しができます。契約が取り消されると、契約は初めからなかったと扱われるため、ネットショップは未成年者に返品を請求できます。

「なりすまし」とは、他人のIDやパスワードを勝手に使って、他人になりすまして、ネットショップから商品を購入する場合です。この場合、なりすましの被害者とネットショップとの間に契約は成立していません。ネットショップは、商品を受領したなりすましの加害者に返品を請求できますが、実際には難しいといえるでしょう。

「錯誤」は、商品を購入する際に勘違いがあり、本心とは異なる意思を伝えた場合です。錯誤による取引は、本人に重大な過失がない限り取消しができます。契約が取り消されると、ネットショップは錯誤者に返品を請求できます。なお、電子契約法の「操作ミスに対する救済措置」が適用される場合があります（28ページ）。

■ 無効と取消の違い

	主張できる者	主張できる期間	追　認	効　力
無効	誰でもできる	いつでも主張できる	できない	当然無効
取消	取消権がある者（120条）	期間が限られている（126条）	できる	はじめにさかのぼって無効

Q 商品の到着が遅れたり、商品が紛失、破損した場合にはどうしたらよいでしょうか。

A 商品の売買契約は売主と買主の意思が合致して初めて成立しますが、顧客が本当に注文をしていない場合、双方の意思が合致していないので、売買契約が成立しません。

これに対し、実際は注文したのに「注文していない」と本人が主張している場合もあります。この場合でも、本人の「注文した」という意思表示が取り消されることがあります。

具体的には、事業者（ネットショップ）は、とくに顧客が消費者である場合には、商品の注文画面で申込みを確定する前に、申込内容を確認・訂正できる措置を講じなければなりません。これを怠っていて顧客に「操作ミスで注文した」などと主張されると、注文の取消しを認めざるを得なくなります（28ページ）。

●商品到着が遅くなった場合の責任

商品が引渡期限よりも遅れて顧客の元に到着することは、事業者の履行遅滞（債務不履行の１つの類型）となるので、事業者は、それによって生じた損害を賠償しなければなりません。

ただし、民法の規定では、商品が遅れている場合でも、顧客が契約を即時に解除できるわけではありません。顧客から事業者に相当期間を定めて催告を行い、その期間内に商品を受け取れない場合に契約を解除できるのを原則としています（履行遅滞による解除）。しかし、営業上の観点から考えた場合、顧客が即時解除を希望しているときは、事業者はこれに応じるのが無難だといえるでしょう。

●長期不在や受取拒否により顧客に商品を引き渡せない場合

顧客が代金を支払っている場合、顧客は契約上の義務を果たしているため、解除に関する特約（約定解除事項）がない限り、事業者は契約を解除できません。一方、事業者は、契約が存続する限り、顧客が受け取るまで商品を保管する義務を負います。

ただし、顧客が宅配業者から商品を受け取らず、事業者の元に商品が返送された場合など、顧客が合理的な理由なく商品を受け取らない場合（受領遅滞）は、商品の保管にかかった費用を顧客に請求できます。また、受領遅滞の場合において、商品が特定物（おもに中古の商品）であるときは、事業者は、商品の履行の提供をした時からその引渡しをするまで、自己の財産に対するのと同一の注意をもって商品を保存すれば足ります。

●配送途中に商品が紛失した場合や破損した場合

運送中に商品が紛失した場合や破損した場合に、顧客に対して責任を負うのはネットショップです。たとえば、新品の商品が配送途中に紛失・破損した場合は、引渡期限に間に合うように商品を再送することが必要です。引渡期限よりも遅れる場合は、前述したように損害賠償などによって対応します。

これに対し、中古の商品が配送途中に紛失･破損した場合は、返品･返金(契約解除)や損害賠償をすることで対応することが多いでしょう。

■ 履行遅滞による解除

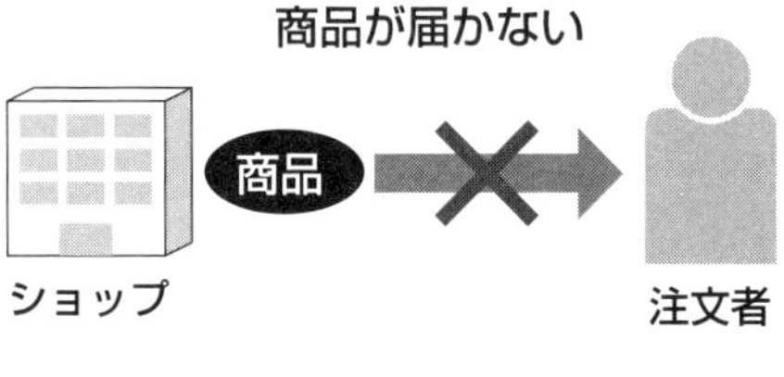

相当期間を定めて催告し、
その期間内に履行がないときに
契約解除できるのが原則。

→ 履行の催告

→ 解除の意思表示

2 なりすましのトラブル

なりすましの被害者である顧客に責任追及できる場合もある

なりすましとはどんな場合か

なりすましとは、たとえば、AがBのユーザーIDとパスワードを勝手に使い、Bと名乗ってネットショップCから商品を購入するような場合です。なりすましの場合は、被害者（B）とネットショップ（C）との間に契約が成立していません。Bには商品を購入する意思もなければ、商品の注文するための操作も行っていないからです。したがって、CはBに対して代金の支払いを請求できないのが原則です。

なりすましの可能性があるケースで事業者（ネットショップ）が最初にすべきことは、本当になりすましなのかを確認することです。Bがウソをついている可能性があるからです。なりすましか否かによって、その後の対応が異なるので慎重に確認しましょう。なりすましによる被害が高額であるなど、悪質な場合は警察に刑事告訴をすることも検討します。刑事告訴をするときの罪名は、刑法が定める詐欺罪や不正アクセス禁止法違反です。

なりすましでない場合にはどうなる

Bが自分で商品を注文したのに「なりすましの被害を受けた」とウソをついていることが判明した場合は、Cとしては、通常どおりの取扱いをします。つまり、Bに商品を引き渡し、代金の支払いを請求します。ただ、ウソをついて代金の支払いを拒否したBは、相当悪質な顧客であることが想定されるので、代金前払いか代金引換によって商品を発送するのが安全です。

なりすましの場合には犯人に請求する

調査の結果、Aがなりすましの犯人だとわかった場合、Cは、Aに対して、不法行為に基づく損害賠償請求や不当利得に基づく商品返還請求（または商品相当額の金銭支払請求）をします。

不法行為とは、故意（意図的に）または過失（落ち度）によって、他人の身体や財産などに損害を与えることをいいます。不法行為を行った人は、それにより生じた損害を賠償する義務を負います。これに対し、不当利得とは、利益を受ける根拠がないにもかかわらず、他人の財産や行為によって利益を受けることをいいます。不当利得を得ている人は、その得ている利益を返還する義務を負います。

ただし、犯人Aの氏名や住所が判明しても、Aが損害賠償金などを支払うだけのお金を持っていない場合には、実際にお金を回収するのは難しくなります。

例外的になりすましの被害者に責任追及できる場合がある

なりすましの事案では、ネットショップCが被害者Bに対して責任を追及できる例外的な場合が2つあります。

■ なりすまし行為とネットショップの採り得る手段 ……………

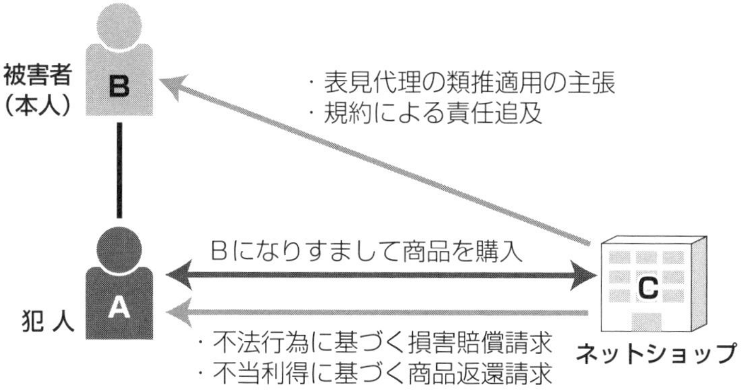

・表見代理の類推適用が可能な場合

表見代理とは、代理権を持っていないのに代理人と称する人と取引した相手方を保護する制度です。表見代理が類推適用されると、ＢＣ間に契約が成立したのと同様に扱われます。類推適用とは、ある法律の規定を、事案の性質が似た別の事柄にも適用することです。なりすましの事案では、犯人Ａは被害者Ｂの代理人と称しているわけではなく、表見代理の規定をそのままでは適用できないので、表見代理の類推適用になります。

表見代理の類推適用が認められるための大まかな要件は、①Ｂが注文したかのような外観があること、②外観を信頼したことについてＣに落ち度がないこと（善意無過失）、③外観を作り出したことについてＢの関与（落ち度）があることです。

・規約に責任追及を可能とする規定がある場合

ネットショップでは、IDとパスワードを使って本人確認を行っているのが一般的です。この場合、事業者が規約（ネットショップの利用規約）において、たとえば、「入力されたID、パスワードが登録されたものと一致する場合、会員本人が利用したとみなす」といった内容の規定を設けているときは、顧客に対して、なりすましの責任を追及できる可能性があります。

しかし、このような規定が有効とされるには、事業者が通常期待されるレベルのセキュリティ体制を構築していることが前提です。セキュリティ体制が通常求められるものよりも低いと、なりすましの原因が事業者のセキュリティ体制の不備にあると判断され、顧客に責任追及できない場合があるので注意しましょう。

クレジットカードなどの決済はどうなる

なりすましの事案では、ネットショップＣと被害者Ｂの間に契約が成立することはありません。したがって、ＣはＢに対して代金の支払いを請求できないのが原則です。

もっとも、犯人Ａがクレジットカード決済（カード決済）やネットバンキング決済を悪用した場合は、少し複雑な問題が生じます。ＣとＢの関係の他に、Ｃと決済業者間、Ｂと決済業者間の契約関係も問題になるからです。

たとえば、カード決済の場合は、Ｃと決済業者との間で加盟店契約が締結されており、決済業者がＣに商品の代金を支払います。なりすましの事案においては、加盟店契約に基づき、Ｃへの支払いが一時保留になることがあります。これに対し、被害者Ｂと決済業者との間は立替払契約などによって処理されています。立替払契約は、決済業者がネットショップに商品の代金を立替払いして、その立替払分をカード利用者に請求するという内容です。

なりすましの問題についてカード決済が関係するときは、加盟店契約や立替払契約などによって処理されるのが一般的です。不正利用された本人の責任の度合いによっても異なりますが、ネットショップが決済業者から商品の代金を受領できなくなる可能性が高いため、加盟店契約や立替払契約などの内容に注意しておく必要があるでしょう。

■ なりすましに対する対策

前払いでの代金受取り	代金を前払いにすれば、店が商品の代金や配送費用を回収できなくなるリスクを軽減できる
電子署名制度の利用	電子署名を採用すれば、作成者の特定や改ざん防止が可能になるため、なりすましを予防できる
規約による顧客への責任追及	「会員本人が利用したとみなす」という規定をあらかじめ作成しておく

Q 在庫を抱えずにネットショップを運営したいので、サイトの閲覧者が商品を購入した場合に、商品をメーカーから直接発送してもらおうと思っています。どんな注意点があるのでしょうか。

A Webサイトの閲覧者が商品を購入した場合に、商品の発送業務をWebサイトの運営者が行うのではなく、製造元（メーカー）や卸元（卸問屋）が行うという販売手法をドロップシッピングといいます。ドロップシッピングは、Webサイトの運営者（ドロップシッパー）が、自分のところでは在庫を持たず、発送業務などをせずに商品を販売できることや、販売価格を自由に設定し、仕入れ価格との差額をそのまま自分の収入にできるので、アフィリエイトより高い収入が望めることに特徴があります。

一方で、ドロップシッピングをはじめるにあたって、Webサイトの構築費用などの初期費用がかかる場合が多く、製造元や卸元によっては取引手数料が高額なところもあります。また、商品が手元にないので、顧客からの問合せ対応に時間がかかる他、顧客情報がドロップシッパーに渡されない契約になっている場合が多く、アフターサービスの他、顧客情報を利用したマーケティングや、その後の営業活動などが行いにくいという面があります。

●ドロップシッピングを始める場合の注意点

ドロップシッピングを始めようとする場合には、初期費用や取引手数料などを確認し、もし商品が売れず利益がでない場合に、どのようなサポートを受けることができるのか、補償はどうなっているのか、などについて契約書の各条項をよく確認しましょう。顧客から返品があった場合の対応などもチェックする必要があります。製造元や卸元によっては、顧客から返品されたものはドロップシッパーが買い取る契約になっている場合があります。また、高額な情報商材が出回っていたり、詐欺が発生したりしていますので注意しましょう。

ドロップシッピングでは、商品の販売はドロップシッパーが行い、発送もドロップシッパーの名義で行う場合が多いので、ドロップシッパーは個人であっても景品表示法上の事業者にあたり、不当表示があった場合に責任を問われる可能性が高いです。

不当表示の例としては、十分な根拠が確認されていないのに「シミが消える」「血液がサラサラになる」などと効果を強調して表示する場合や、実績のない販売価格からの値引きをした価格と称して販売価格を表示する場合です。商品を販売する場合には、販売価格や効果などを正確に表示するように注意しましょう。

とくに化粧品や医療機器などの販売については、令和３年８月以降、医薬品医療機器等法に基づいて課徴金制度が導入されていることに注意を要します。この課徴金制度は、誰もが適用対象に含まれており、適用対象が事業者に限定されていないからです。

■ ドロップシッピングのしくみ

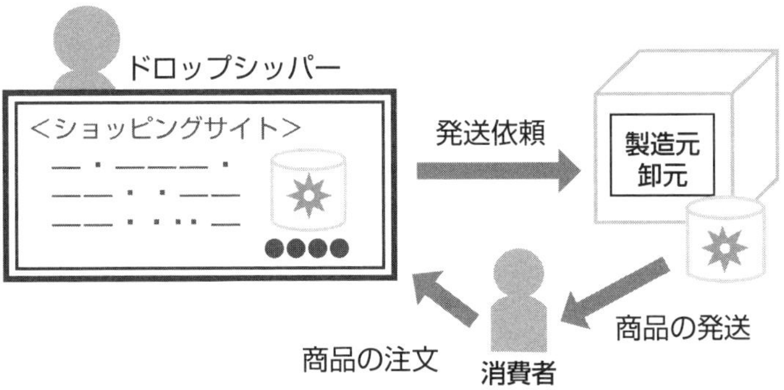

Q ノークレームノーリターンの特約が付いていれば、出品者は何も責任を負わないのでしょうか。

A ノークレームノーリターンとは、とくにネットオークションにおいて、対象の出品物が中古品であることなどを理由に、出品物に関する一切のクレームを受け付けず、返品も受け付けないことを条件とし、落札者が入札した場合は、これを受け入れたことを意味すると考えられる特約のことです。ノークレームノーリターンは、出品者（売主）の契約不適合責任を免除する特約であると考えられています。そして、当事者が合意の上で、売主の契約不適合責任を免除する内容の特約をつけて契約を結ぶことは、法律上許されていると考えられています。

このことから、ネットオークションにおいてノークレームノーリターンが付されている商品を落札した場合には、落札者がノークレームノーリターンについて承諾して落札したものとみなされ、届いた出品物に何らかの欠陥など（契約不適合）があったとしても、落札者は出品者に対して契約不適合責任を追及できない、つまり、出品者は落札者に対して契約不適合責任を負わない（契約不適合責任が免除される）のが原則です。

ただし、出品者が事業者、落札者が消費者の場合は消費者契約法が適用され、種類・品質に関する売主の契約不適合責任の全部を免除する条項が無効ですから、事業者はノークレームノーリターンの特約を使えないと考えておくべきでしょう。

●責任追及が認められるケースとは

法律は不正な手段を用いた信義に反する取引を許しているわけではありません。そもそも売買契約において売主の契約不適合責任が認められているのは、両当事者の地位の均衡を保つためであると考えられています。したがって、出品物に説明や写真に記載がない欠陥（傷や汚れなど）があること、出品物が他人の物であること、出品物の数量が不足していること（これらはすべて契約不適合にあたります）などについて、知っていながらもあえて落札者に告げなかった事情がある場合には、特約が付けられていても、落札者は、契約不適合責任に基づく契約解除や損害賠償請求などができる（出品者は落札者に対して契約不適合責任を負う）と考えられます。

●出品物が明らかに写真や説明と異なる場合

ノークレームノーリターンの特約が付いていたとしても、出品者が写真や説明とは明らかに異なる商品を送付してよいわけではありません。この場合は、契約の内容に適合する出品物を送付していないことになるので、出品者が落札者に対して契約不適合責任を負うと考えられます。

さらに、出品者が返金や交換に応じないときは、だますつもりで出品したと考えられますので、出品者としては、落札者から詐欺罪での刑事告訴を受けることも想定しておくべきでしょう。そのような事態にならないように、返金や交換に速やかに応じるべきです。

■ ノークレームノーリターンの特約 ……………………………

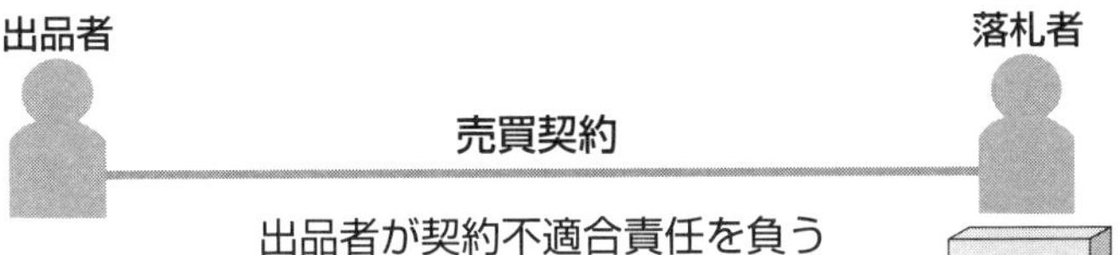

ノークレーム ノーリターン　◎契約不適合責任の免除
（クレームや返品を受け付けない）

〈例外〉出品者が商品の欠陥など（契約不適合）を知っていたのに落札者に伝えなかった場合
⇒出品者は契約不適合責任を免れることはできない

Q 出品物に欠陥があったり出品物が届かなかったりした場合、オークションサイトも責任を負わなければならないのでしょうか。

A ネットオークションに関する規制には、おもに特定商取引法と景品表示法に関するものがあります。

① 特定商取引法の規制

消費者庁・経済産業省は、前述した「インターネット・オークションにおける『販売業者』に係るガイドライン」において、出品商品数と落札額の合計額が一定の基準を超える場合には、個人であっても特定商取引法を適用する方針を示しています。本ガイドラインでは、以下のように、特定のカテゴリー・商品に関する一定の基準をあわせて示していることに注意が必要です。

・「家電製品等」について、同一の品目を一時点において５点以上出品している場合
・「自動車・二輪車の部品等」「CD・DVD・パソコン用ソフト」について、同一の商品を一時点において３点以上出品している場合
・「ブランド品」「インクカートリッジ」「健康食品」「チケット等」に該当する商品を一時点において20点以上出品している場合

② 景品表示法の規制

たとえば、商品を実際のものよりも優れているとウソの表示をすること（優良誤認表示）が不当表示として禁止されます。違反者には、消費者庁から不当表示の削除、再発防止策の実施などを命じる措置命令が出され、これに従わないと刑事罰（懲役刑・罰金）が科されることもあります。

●オークションサイトへの責任追及

ネットオークションを利用した取引は、出品者と落札者との間の直接取引です。オークションサイトは取引の場を提供することを業とし

ており、ほとんどの場合は、利用規約において取引上の損害に対する責任を負わないことを宣言しています。オークションサイトは出品物の詳細な状態まで確認できないからです。

もっとも、オークションサイトでの詐欺被害を考慮し、上限を定めて被害を補償する制度を設けている運営者も存在します。しかし、補償の適用条件をクリアすることが難しく、すべての詐欺被害を補償する内容のものではありません。現状では、自己責任でオークションに参加している以上、出品物に欠陥があったり、出品物が届かなかったりしたからといって、オークションサイトが落札者に対して法的責任を負うことになるのは考えにくいということができます。

たとえば、被害にあった落札者が採り得る手段として、「出品者に完全品との交換や修理費用分の損害賠償を請求する」「契約を解除して返金を求める」などが考えられます。出品者としては、これらの手段が落札者から行使された場合には、誠実に対応して被害を回復しなければなりません。音信不通となって、落札者が被害を回復できないといった事態は絶対に避けなければなりません。その場合は、落札者から詐欺罪での刑事告訴を受けて、刑事事件として逮捕・起訴される可能性もあります。

■ オークションサイトと取引上の責任 ……………………………

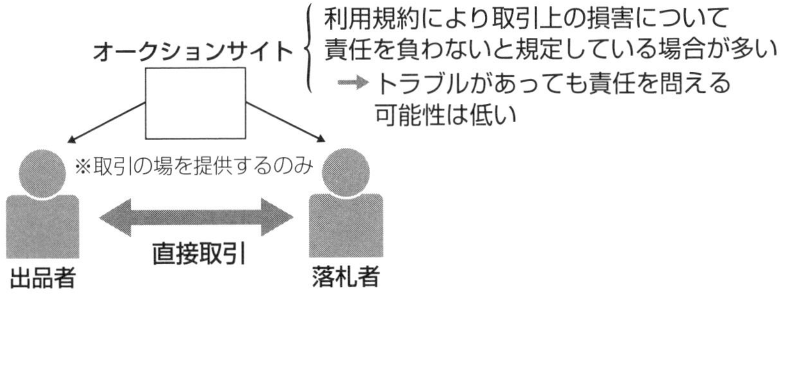

Q オークションの落札者から「競り落とした中古品のバッグが、写真のイメージと異なり気に入らない」と言われました。取引が取り消されたりすることはあるのでしょうか。

A 売買契約において、売主（出品者）が引き渡した商品に欠陥など（契約不適合）があった場合、買主（落札者）は、売主（出品者）に対して損害賠償請求や取引の解除などを行うことができます。これを契約不適合責任といいます。

たとえば、写真に撮られていない箇所に擦り傷があったにもかかわらず、それについて何も説明がなされておらず、無傷であると説明していた場合、バッグを引き渡された落札者は、たとえ出品者が個人であっても契約不適合責任を追及できます。さらに、出品者がバッグに擦り傷があるのを知りながら、あえて無傷であると説明していたのであれば、落札者は、詐欺を理由に取引の取消しができます。また、出品者が事業者、落札者が個人であれば、落札者は、消費者契約法が定める不実告知を理由に取引の取消しもできます。

以上のように、出品者である事業者は、商品に問題がある場合、落札者によって取引が取り消されるリスクが生じます。

ただ、実際にどの程度の傷であれば、契約不適合であったり、不実告知であったりいえるかの判断は難しいところです。オークションで中古品を取引する当事者間には、商品の写真と説明では現状を完全に伝えることはできない点について、ある程度の共通の認識があるといえます。したがって、単に写真のイメージと異なるという理由だけでは、取引の取消しなどは行われにくいといえます。

第４章

著作権の法律知識と対策

1 ホームページに関する知的財産権侵害のリスク

著作物の無許諾での転載や商標登録された名称の使用などの問題がある

ホームページ作成と知的財産権

知的財産権は、わが国の産業や文化の発展のために重視されている権利で、一般に強く保護されており、これを侵害すると民事上の責任（損害賠償責任など）だけではなく、刑事上の責任（懲役や罰金などの刑罰）も発生します。ホームページ作成の場合、イラスト、写真、音楽、映像、書籍の無断転載といった著作権侵害や、その他の権利を侵害する場合もあります。

著作権侵害に注意する

思想または感情を創作的に表現したものを著作物といい、著作物を複製（コピー）する、公衆送信（インターネット上へのアップロードなど）をする、展示する、上演するといった権利が著作権（著作財産権）です。著作権は、著作物を創作した時点で、これを創作した人（著作者）に発生し、他人に譲渡したり、担保に入れたりすることができます。

・許諾を得た場合や無許諾での利用が認められる場合

著作権者の許諾を得た場合や、無許諾で利用してよいことが著作権法で明記されている場合は、著作権者以外の人も著作物を利用することができます。もっとも、無制限での利用ができるわけではなく、許諾を得た範囲内や、著作権法で明記された範囲内での利用が許容されるにとどまる点に注意を要します。

・私的使用の範囲内での複製

私的使用の範囲であれば、著作権者の許諾を得ずに著作物を複製して使用できます。私的使用とは「個人的に家庭内で」という意味ですから、不特定多数に公開するホームページでの著作物の使用（転載など）は私的使用にあたらず、無許諾で行うと著作権侵害になります。社内利用も私的使用ではないので、著作物を社内会議で印刷して配布するのは、検討過程における利用を除いて無許諾で行うと著作権侵害になります（いずれも著作権法で明記された範囲内を除く）。

商標権が問題となる場合

ホームページ作成の際は、「○○○.co.jp」「○○○.com」などのドメイン名（インターネット上の住所にあたるもの）を登録しますが、ドメイン名は任意に設定できます。そこで、登録しようとするドメイン名が第三者によって商標登録されており、商品やサービスの内容が類似し、識別性が害される場合は、商標権侵害を理由に第三者から訴訟を提起されるリスクがあります。

また、ホームページ内に掲載するロゴマークや名称が第三者によって商標登録されている場合も同様です。これらを掲載する場合は、必ず事前に商品やサービスの内容が類似していたり、識別性を害していたりしないかを調査しましょう。

■ ホームページ作成における知的財産権侵害のリスク …………

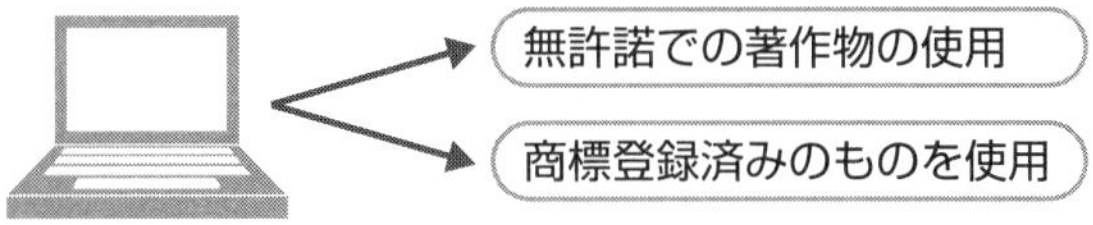

著作権

- ホームページ作成における著作物の使用は「私的使用」にあたらない
- 他人の著作物を無許諾で使用すると原則として著作権を侵害する

商標権

- 商標登録されているドメイン名を使用してはならない
- ホームページ内に掲載するロゴマーク・名称が第三者によって商標登録されている場合がある
（商標権侵害にあたらなくても不正競争防止法に違反するおそれがある）

2 著作物の種類を知っておこう

写真の場合は、撮影者がシャッターチャンスや構図に工夫を凝らしているものが著作物になる

どんな写真が著作物となるのか

思想または感情を創作的に表現している写真であれば、誰が撮影したのかを問わず、写真の著作物として認められます。具体的には、撮影者がシャッターチャンスや構図に工夫を凝らして撮影した写真であれば、写真の著作物として著作権法上の保護を受けます。したがって、プロのカメラマンが周到に準備して撮影した写真に限らず、素人が撮影したスナップ写真や、スマートフォンのカメラ機能を利用して撮影した写真であっても、写真の著作物として著作権法上保護される場合があるのです。

たとえば、カタログの写真は、一見すると商品を並べているだけのように思えますが、撮影者が商品を魅力的に見せるため構図などに工夫を凝らして撮影していることから、写真の著作物にあたります。

しかし、プリクラ機で撮影した写真や証明写真は、機械的に撮影されるものです。とくに証明写真については、人が撮影したとしても、その性質上撮影者の工夫が入る余地が非常に少ないといえます。したがって、プリクラ機の写真や証明写真は、写真の著作物に該当しないとされています。

グラフ（図表）と著作権侵害

ホームページの制作会社に、健康器具会社の担当者から「自社のホームページを新しくしたいが、競合会社の会社案内に載っているグラフが、健康器具や紙幣などのイラストを利用して工夫されている。市場の売上規模の推移は健康器具の大きさで表し、マーケット・シェ

アは健康器具を分割・色分けして表現し、売れ筋品の価格は紙幣で表すなど、非常にわかりやすいので、これを加工して自社のホームページに使いたい」との依頼があった場合、これは著作権侵害にあたらないのでしょうか。

学術的な性質を持つ図表・図形・模型などの図形は著作物に含まれます。ただし、ありふれた一般的なものは、創作的に表現されたものとはいえず、著作物にあたりません。上記の依頼は、単純な棒グラフ・円グラフよりは工夫されているとはいえ、グラフをイラスト化して表現することは、誰もが思いつくありふれたものとされるでしょう。

したがって、イラストの著作権侵害を避けるため、新たに別のイラストを描き起こせば、著作権侵害の問題にはならないでしょう。

顔文字やアスキーアートなども著作物といえるのか

思想または感情を創作的に表現したものであれば、顔文字やアスキーアートは美術の著作物として認められ、著作権法上の保護を受けるといえるでしょう。顔文字については、誰もが思いつくようなありきたりのものが大半を占めますが、アスキーアートの中には、非常に複雑で、一般の人が思いつかないものや作成できないものもあります。後者については著作物と認められるものがあるといえるでしょう。

■ 著作物にあたるもの・あたらないもの

	著作物になるもの	著作物にならないもの
写真	シャッターチャンスや 構図に工夫を凝らしたもの	機械的に撮影されたもの
グラフ(図表)	学術的な性質をもつもの	図表の描き方 (創作的な表現とはいえないもの)
顔文字 アスキーアート	複雑で一般の人が 思いつかないものなど	誰もが思いつくような ありきたりなもの

Q　事業者が掲示板やブログなどのユーザーの投稿したコンテンツを変更・削除する場合の問題点について教えてください。

A　インターネット上の掲示板やブログなどのWebサイトにユーザーが投稿したコンテンツ（文章・画像・音声・動画など）について、事業者（運営者）がその変更や削除などを行うためには、ユーザーの許諾を受ける必要があります。しかし、コンテンツに変更や削除などを加える際に、その都度、許諾を得なければならないとすると、事業者の負担が大きくなりすぎるので、あらかじめユーザーが投稿を行うに先立って、ユーザー（著作権者）から著作権に関する許諾を得ておく方法が考えられます。具体的には、以下の３つの方法が考えられます。

① Webサイト事業を行う上で必要な範囲内で利用規約を設けて、ユーザーが投稿したコンテンツに対して変更などを加えることがあるとの条項をあらかじめ示しておき、その条項について承諾した上で、ユーザーが投稿を行うというシステムを採用する方法です。

② ユーザーが著作権を保持したままで、事業者がWebサイト事業の必要に応じて、ユーザーが投稿したコンテンツを利用することの許諾を受けるという方法もあります。

③ 投稿の条件として、ユーザーが保持するコンテンツの著作権を事業者に譲渡することをあらかじめ明示する方法も考えられます。

もっとも、著作権が事業者に譲渡されても、著作者人格権は依然としてユーザーが保持しています。したがって、事業者が著作物の同一性を失わせるような著作者の意に反する変更を加える場合は、著作者人格権に基づいて、ユーザーが事業者に対して、そのような変更を止めるよう主張できます。これを阻止するには、あらかじめユーザーが著作者人格権を行使しないとの条項を設けておくことが考えられます。

●投稿削除請求や発信者情報開示請求について

掲示板やブログなどへの投稿が、第三者の著作権や名誉権などの権利を侵害するものである場合、その第三者は、掲示板やブログなどの管理者に対して、権利を侵害する投稿の削除を請求できます。

プロバイダ責任制限法によると、この請求に従って管理者が権利を侵害するとされる投稿を削除した場合は、同法が定める「損害賠償責任の制限」が及ぶため、管理者は、削除された内容を投稿した人に生じた損害を賠償する責任を負いません。

また、プロバイダ責任制限法では、ユーザーの投稿によって権利が侵害されたとされる者が、管理者に対して投稿したユーザーの情報を開示するよう求める「発信者情報開示請求」の手続きについても規定しています（237ページ）。

■ ユーザーが投稿したコンテンツに関する問題 ……………………

ユーザーが投稿したコンテンツに関する問題	事業者の対応
著作権に関する問題 （コンテンツの著作権者はユーザーであることが原則）	①変更や削除などに関する利用規約の設定
	②事業に必要な範囲で著作権者の許諾を受ける
	③著作権の譲渡を受ける ＊著作者人格権については不行使の取決めが必要
権利を侵害するコンテンツの投稿	①発信者情報開示請求を受けた場合の対応
	②プロバイダ責任制限法を踏まえた対応 ⇒あらかじめ権利侵害のコンテンツの投稿を禁止することを通知・公表しておく

Q まとめサイトが著作権を侵害する場合について教えてください。

A ネットビジネスのモデルのひとつとして「まとめサイト」によるサービスの提供が多く行われています。まとめサイトとは、おもにインターネット上で公開されている情報をもとに、特定のテーマに関して、多くの情報が編集されて閲覧可能になっているWebサイトのことです。「キュレーションサイト」とも呼ばれています。

まとめサイトは、特定のテーマに関する膨大なインターネット上の情報を収集し、編集を加えることによって要約が行われていますので、利用者（閲覧者）にとっては必要な情報を短時間に得ることができるというメリットがあります。特定のテーマに関して、複数の人による異なる視点からの情報が掲載されていることも特徴です。

このように、利用者にとってメリットのあるまとめサイトですが、まとめサイトを運営する事業者（運営会社）にとっても、まとめサイトは収益をもたらすビジネスの形態のひとつになっています。

たとえば、まとめサイトには広告が掲載されており、利用者がまとめサイトに掲載されている情報を閲覧する際に、広告に表示されたWebサイトにアクセスすることがあります。そして、Webサイトにアクセスした人が商品を購入した場合などに、運営会社に報酬を支払うというしくみです（成功報酬型広告）。単価（1回の購入などで支払われる報酬額）は大きくありませんが、まとめサイトへのアクセスが増えれば、それだけ報酬額も増えるため、運営会社にとっては有力な収入源になっています。

●著作権上問題はないのか

まとめサイトの情報源は、おもにインターネット上のホームページ、ブログ、SNSなどに公開されている文章・画像・音声・動画などの情報です。したがって、そのまま掲載した場合はもちろん、多少の編集を加えたつもりでも他人の著作権を侵害するおそれがあります。著作権侵害の問題をクリアするには、著作権者の許諾を得ることが原則ですが、インターネット上の情報すべてについて、必ずしも明らかではない著作権者の許諾を得ることは非現実的です。

そこで、著作権法上の引用を行うことが考えられます。著作権法の定める要件を満たす引用を行うことで、他人の著作物を無許諾で掲載しても、著作権侵害にあたらないことになります。具体的には、他人の著作物にかっこ書きをつけるなどして、他人の著作物にあたる部分との区別や主従関係（まとめサイトが「主」、他人の著作物が「従」という主従関係）をはっきりさせ、まとめサイトへの掲載者自身の記事における引用として著作権侵害を防ぐことができます（引用の詳細については150ページを参照）。

■ まとめサイトのしくみ

特　徴

・クリック報酬型広告や成功報酬型広告が収入源
・広告収入やアクセス数を稼ぐ目的で記事が作成されている
・まとめサイトのサイドバーや記事の下に広告を掲載することが多い

問題点

・まとめサイトの情報源は、おもにインターネット上の情報なので、不適切な引用や盗用などによって他人の著作権を侵害してしまうおそれが高い
・SNS のシェア機能などを利用して情報が拡散される

3 著作権法上の引用の仕方

ルールに沿って引用することが大切である

ルールに沿った引用なら許諾はいらない

著作権法では、著作権者の許諾を得ないでした引用も許される場合があることが規定されています。

引用とは、他人の著作物を自分の著作物の中に取り込み、それをもって自分の意見や感情などを表現することをいいます。

著作権法32条には、引用は、「公正な慣行に合致するものであり、かつ、報道、批評、研究その他の引用の目的上正当な範囲内で行われるものでなければならない」と規定されています。これは、「引用だ」といえば何でも著作権者の許諾を得ることなく行うことができるわけではないことを示すものです。

たとえば、自分の書いた内容よりも他人の著作物の内容の方が多い場合、許された引用の範囲を超えている、と判断される可能性が高いでしょう。

以下、著作権法で許される引用となるための条件を説明します。

① 引用される著作物は公表済みのものであること（公表著作物）

未公表の著作物を引用することは、その著作物の著作者が有する著作者人格権のひとつである公表権を侵害するおそれがあります。

② 引用の目的上正当な範囲を引用していること（主従関係）

正当な範囲といえるためには、引用する側の著作物（自分の著作物）が「主」、引用される側の著作物（他人の著作物）が「従」という主従関係がなければなりません。主従関係は引用する量だけでなく、その質からも判断されます。

③ 引用する側の著作物と引用される側の著作物とを明瞭に区別して

認識できること（明瞭区別性）

この点が不明確だと結果として盗作と同じ効果が生じてしまいます。

④　原則として他人の著作物の一部を引用していること（一部の引用）

引用される側の著作物の種類によっては全部を引用することも許されると考えられます。たとえば、俳句のように極めて短い著作物の一部を引用することは不可能なことが多いでしょう。また、写真の著作物の場合は、その一部の引用では引用の目的を達することが通常は困難と思われます。このような場合には全部の引用も可能でしょう。

⑤　公正な慣行に合致した引用であること（公正な慣行）

たとえば、引用元を明記することが必要です（出所の明示）。著作物を見聞する人が、どの著作物から引用したのかを認識しやすいように、引用元を明記します。

⑥　著作物を改変しないこと（無改変）

著作物を改変して引用することは、その著作物の著作者が有する同一性保持権を侵害するおそれがあります。同一性保持権とは、著作者人格権のひとつであって、著作者の意に反して著作物を改変することを許さないとする権利です。したがって、引用の際には著作物を改変しないで、忠実に引用しなければなりません。

■ 著作物を引用するときのおもな注意事項

注意事項

- ❶ 他人の著作物を引用する必然性がある
- ❷ かぎ括弧をつけるなど、自分の著作物と引用部分とが明瞭に区別されている
- ❸ 自分の著作物を主体とし、引用する他人の著作物との主従関係を明確にする
- ❹ 引用元の出所を明示する

※文化庁のホームページの記載を基に作成

Q 広告宣伝メールをめぐる法規制について教えてください。

A 広告宣伝メールとは、営利を目的とする団体および営業を営む場合における個人である送信者が、自己または他人の営業につき広告または宣伝を行うための手段として送信する電子メールであり、特定電子メール法にいう「特定電子メール」のことです。

広告宣伝メールに関しては、特定電子メール法に違反する広告宣伝メール（違法な広告宣伝メール）を送信した団体や個人に対して、厳格な規制を設けています。まず、違法な広告宣伝メールを送信していると判断された団体や個人に対して、総務大臣または消費者庁長官は、違法な広告宣伝メールの送信を改善するように命令（措置命令）を行います。

措置命令により違法な広告宣伝メールが改善されればよいのですが、措置命令を出されたぐらいでは違法な広告宣伝メールの送信を改善するとは限りません。そこで、措置命令を出した事実は公表するという形をとっています。

これにより、措置命令を受けた企業名の他、代表者氏名、違法な広告宣伝メールの具体的な内容に至るまで、比較的多くの情報が公表されてしまうため、団体や個人の信用が大きく低下するおそれがあります。そのため、違法な広告宣伝メールの送信を抑制する効果が期待されています。

●事前の同意は必要なのか

広告宣伝メールを受信する側が、その送信を希望していないにもかかわらず、広告宣伝メールが送信されてくる場合については、特定電子メール法が厳格な規制を設けています。

具体的には、事前に広告宣伝メールを受信することに同意した人にのみ、広告宣伝メールを送信することができるという規制を設けています。したがって、メルマガを送信する側は、受信する側に対して、事前にメルマガの受信の有無に関する確認をとる必要があります。

事前の同意を得る方法に関しても、受信する側が広告宣伝メールが送信されることについて認識していなければなりません。たとえば、契約書の中にメールアドレスの記載を求める事項があり、これに記載したからといって、広告宣伝メールの送信を承諾したと判断することは許されません。また、契約書の中に「メールアドレスを契約書に記載した場合は、広告宣伝メールの受信に同意したものとみなします」という条項を入れておくだけで、事前の承諾があったと判断することも許されません。広告宣伝メールの受信に関して、受信する側が認識していないおそれがあるためです。

したがって、広告宣伝メールの受信の有無について、チェックボックスなどで明確な意思を確認する方法で、あらかじめ承諾の意思を表明した人に対してのみ広告宣伝メールの送信ができます。

■ 広告宣伝メールをめぐる法的な規制

特定電子メール法に基づく規制

- 違法な広告宣伝メールの送信に対する改善命令（措置命令）
- 措置命令を受けた企業名・代表者名・違反事実などの公表（措置命令に従わない場合は罰則）
- 受信者に対して広告宣伝メールの受信の有無について事前に同意を得ておく
- 広告宣伝メールに記載するべき必要事項に関する規制（送信者の氏名・名称、配信停止を受け付けるメールアドレス・URL の表示など）

Q ハッキングにより受信者から損害賠償を請求された場合にはどうしたらよいのでしょうか。

A ハッキング（クラッキング）とは、他人のコンピュータシステム（パソコンやスマートフォンなども含む）の中に不正な手段を使って侵入し、勝手にプログラムの改ざんを行ったり、データを盗み取ったりすることをいい、このような行為をする人のことをハッカー（クラッカー）といいます。

ハッキングは、コンピュータシステムを構成しているプログラムの抜け穴（脆弱性）を探し出し、コンピュータウィルスなどを利用して行われます。インターネットに接続している限り、誰もがハッカーの標的になる可能性があります。

しかし、コンピュータシステムをインターネットに接続させないで利用することは、かえってその利便性を大いに妨げることにもなります。そのため、インターネットに接続させつつ、安全にコンピュータシステムを利用するためには、セキュリティ対策をすることが欠かせない条件だといえるでしょう。

●トラブルの責任は誰が負うのか

たとえば、ある会社のコンピュータシステムがハッキングされ、その会社名義のコンピュータウイルス付きのメールが、顧客などに無断で送信されたというケースについて考えてみましょう。メールの受信者に損害（パソコンがコンピュータウイルスに感染したなど）が生じた場合、誰が責任を負うことになるでしょうか。

この場合、本来責任を負わなければならないのは、その会社名義のメールを送信したハッカーです。ハッカーの行為はメールの受信者に損害を負わせただけでなく、ハッキングされた会社の信用を失墜させています。また、クレーム対応などでも損害を負わせているわけですから、それぞれについて損害賠償請求ができます。さらに、ハッキングそれ自体が不正アクセス禁止法に違反する「不正アクセス行為」にあたり、刑事罰の対象となるため、受けた被害について刑事告訴をすることも可能です。

ただし、これらの対応はハッカーの正体を突き止めなければ難しいのが現状です。管轄する警察署や警察のサイバー犯罪対策課に通報し、受けた被害について状況を説明しましょう。

なお、メールを受信した被害者がハッキングされた会社に対して損害賠償請求をしてきた場合、ハッカーのした行為だからといって、これに応じなくてもよいわけではありません。たとえば、不正アクセスを防止する措置をまったく講じていなかった、パスワードを誰でも簡単に閲覧できる場所に保管していたなど、セキュリティ対策を講じるべき注意義務を怠っていたと認められる場合は、メール受信者に対する関係で不法行為が成立し、損害賠償請求に応じなければならない可能性があります。

■ ハッキングのしくみ

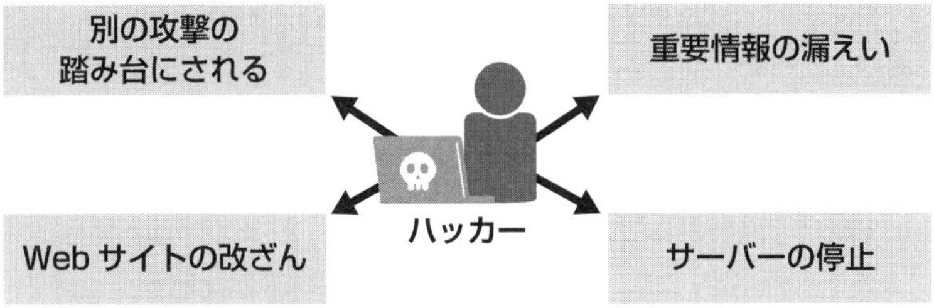

損害賠償請求や刑事告訴などが考えられるが、
ハッカーの正体を突き止めなければ責任を追及することは難しい！

Q 通販会社のネット受注が当社管理のサーバの欠陥が理由で数日停止しました。当社はサーバを販売したＢ社への責任追及ができますか。

A 結論から述べると、当社（以下「Ａ社」といいます）は、通販会社に生じた損害の賠償請求には応じなければなりませんが、自社に生じた損害については、原則としてＢ社に賠償請求をすることができると考えられます。

まず、通販会社の損害について責任を負うべきなのは、サーバの管理をしていたＡ社です。商品受注の管理という業務を行う契約を通販会社と締結したのはＡ社だからです。たとえ受注が数日停止した原因がサーバの欠陥というＡ社にとって防止困難なものであっても、業務を果たせなかったことは債務不履行と判断されるからです。

これに対し、Ａ社は、欠陥のあるサーバを販売したＢ社に対し、その契約不適合を理由に、欠陥のないサーバとの交換の請求、購入代金の減額請求、損害賠償請求、契約を解除しての購入代金の返還請求などをすることができます（契約不適合責任）。

ただし、Ａ社がＢ社に契約不適合責任を追及できる期間は、サーバの引渡し時から10年間またはＡ社が契約不適合を知った時から５年間に制限されます。さらに、Ａ社が契約不適合を知った時から１年以内に、その事実をＢ社に通知しないと、原則としてＢ社に契約不適合責任を追及できなくなります。また、法人間の契約は消費者契約法の適用対象外なので、サーバの販売契約の特約で「契約不適合責任を追及しない」とする特約があると、Ａ社からＢ社への契約不適合責任の追及が困難になります。

Q クラウドサービスを利用する前提として情報セキュリティ対策をどのようにすればよいでしょうか。

A クラウドサービスでは、サービスを提供する事業者がサーバにアプリケーションのシステムを構築し、利用者がインターネットを介してそれを利用します。クラウドサービスで最も重要なのは、情報セキュリティの確保です。とくに会社の個人情報や機密情報をクラウドサービスで管理する場合は注意が必要です。

クラウドサービスは、大量な情報を管理する事業者にとって非常に便利なサービスですが、インターネットを介することに留意する必要があります。社内での情報管理の体制を構築すれば足りるのではなく、常にインターネットを通じた外部への情報漏えいの危険性に注視しなければなりません。

また、利用者のサーバだけではなく、サービスを提供する事業者が管理・運用するデータセンターなどに利用者の情報が保管されるという特徴もあります。これは利用者にとって情報の管理・運営に関する負担が軽減されるというメリットがある一方で、利用者の情報管理が事業者側の情報セキュリティ対策に大きく依存せざるを得なくなるので、事業者側の情報管理の体制に注視していく必要があります。

●利用者が積極的に取り組むべき対策

情報漏えいによる社会的な信用の失墜は避けることができません。そこで、情報漏えいのリスクを考え、クラウドサービスで管理する情報と、自社内で管理する情報を分ける必要が生じる場合もあります。個人情報や機密情報をクラウドサービスで管理する場合は、利用者にも情報セキュリティや情報漏えいのリスクについての知識が必要になります。

また、サービスを提供する事業者が管理・運用するデータセンターなどから情報が外部に漏えいした可能性がある場合に、漏えいした情報をどのように特定するのかも事前に確認しておきましょう。

情報セキュリティの対策は、サービスを提供する事業者だけでなく利用者にも必要になります。とくにクラウドサービスにアクセスするためのIDとパスワードの管理を徹底する必要があります。自社のパソコンがコンピュータウイルスに感染したり、不正アクセスを受けたりすることで、IDやパスワードが漏えいすることがないよう、ウイルス対策ソフトの導入や、業務以外のパソコンの使用に制限を設ける必要があるでしょう。

情報セキュリティの対策において、個人情報保護法などの法律の規定を遵守することは、必ずしも難しいことではありません。しかし、実際に情報漏えいを起こさない体制を作るのは難しいことです。「法律の規定に沿ったシステムを構築しているから大丈夫」ということで安心せず、情報漏えいを防止するための対策について事前に知っておく必要があるのです。

■ クラウドサービス利用の注意点

クラウドサービス

メリット：利用料が安い　手間が省ける　速度の快適性

↓【注意点】

情報セキュリティ

①インターネットを利用している

⇒インターネットを通じた外部への情報漏えいの危険性がある

②サービスを提供する事業者が利用者の情報を管理・運用する

⇒利用者は事業者側の情報セキュリティ対策に依存せざるをえない

∴利用者は情報セキュリティや情報漏えいのリスクに関する知識が必要

Q クラウドサービスを事業に利用する場合にはどんなトラブルが発生する可能性があるのでしょうか。

A クラウドサービスでは、利用者は幅広い用途においてサービスを活用できますが、事業者のシステムに障害などのトラブルが生じた場合、利用者は大きな損害を受ける可能性があります。とくにクラウドサービスを事業に利用する場合は、損害もより大きくなります。

① 個人情報の外部への漏えい

たとえば、顧客から預かった個人情報が漏えいした場合、それがクラウドサービスを提供する事業者の落ち度によるものだとしても、利用者である企業は被害を受けた顧客からの損害賠償請求に応じなければなりません。その代わり、自社が支払った賠償金を事業者側に求償することができます。

なお、個人情報をクラウドサービスで管理することが、個人情報の管理の委託に該当するのであれば、企業には個人情報保護法における委託先の監督責任が生じます。

② システムの不具合によるサービスの停止

たとえば、企業の業務システムにクラウドサービスを利用していた場合は、システムの障害などにより、事実上、業務が止まるおそれがあります。顧客との受発注ができなくなれば、営業上の損害が出る可能性があります。通常は、契約において障害などが発生した場合の取決めがなされていますが、障害などによる長時間のシステムの停止について、利用者である企業は、クラウドサービスを提供する事業者に対して、契約上の債務不履行（または不法行為）による損害賠償請求ができるでしょう。

③ 事業者側のミスによる情報の消失

クラウドサービスを提供する事業者のミスが原因で、運用・管理する利用者の情報が消失した場合、それは事業者側の債務不履行にあたります。この場合、事業者が賠償しなければならない損害賠償額は、消失した情報の財産的（経済的）な価値に基づいて判断されます。

クラウドサービスに基づくトラブルを防止するためには、情報管理体制をサービスを提供する事業者に一任せず、利用者と事業者側が連携した情報管理体制を構築することが重要です。とくにトラブルが発生した場合に、利用者への報告・連絡・相談が適切に行われる体制を整備することが必要です。

また、事業者側に落ち度がないシステム障害などの際、事業者側は、早急にシステムの復旧にあたる一方で、利用者は、情報のバックアップを可能な限りで取ることや、情報の漏えいや流出の拡大を防ぐための措置を速やかに講じるなど、役割分担を明確にしておくことが重要になります。

■ クラウドサービスで起こり得るトラブル

- **①個人情報の外部漏えい**

  顧客情報の漏えいにより顧客から損害賠償請求を受けるリスク

- **②システムの不具合によるサービスの停止**

  顧客との間で受注・発注ができなくなるおそれがある

  ★利用者は、契約上の債務不履行（または不法行為）があるとして、サービスを提供する事業者に対して損害賠償請求が可能

- **③事業者側のミスによる情報の消失**

  事業者側のミスによるデータの消失等

  ★利用者は、サービスを提供する事業者に対して、データの財産的価値の損害や「無形の損害」を受けたとして、損害賠償請求が可能

4 写真や動画の撮影

撮影にあたっては他者の権利を侵害しないように注意すべき

写真や動画の公開が誠実義務違反になる場合がある

たとえば、社内の飲み会で悪ふざけをしている写真を撮影し、それをインターネット上に公開した場合、労働者（従業員）が品位にもとる行動をしているということで、会社の社会的な信用を低下させ、取引先から取引を断られたり、売上が減ったりするなどの損害が発生するかもしれません。

労働者には、使用者（会社）の正当な利益を不当に侵害しないように配慮する義務（誠実義務）があり、使用者の信用や名誉を傷つける行為などをしないことが求められます。飲み会で悪ふざけをする行為は、会社の信用や名誉を傷つけるおそれが高いため、労働者の誠実義務に違反する行為といえます。労働者が誠実義務に違反したために、会社の売上が低下するといった損害が発生した場合、使用者は労働者に対して損害賠償請求ができます。

知らない間に店舗を撮影され、それが掲載された場合

飲食店や百貨店などの店舗の管理者（店長など）には、店舗の秩序を維持するために、秩序を乱す行為を禁止し、場合によっては店から退去するように命じることができる施設管理権があります。この施設管理権に基づき、店舗内のお客さんに対して写真や動画の撮影を禁止することができます。

ただ、知らない間に写真や動画が撮影されてインターネット上に公開されていた場合に、その削除を請求できるかどうかは別問題です。店舗内の写真や動画が掲載されても、必ずしもその秩序が乱されるという関

係にはないためです。しかし、店舗内の防犯に関わる部分が公開されている場合は、店舗内の写真や動画の掲載によって、その秩序が乱されるおそれが高いので、削除請求が可能といえるでしょう。また、従業員やお客さんの顔がはっきり判別できる写真や動画は、肖像権侵害を理由に削除請求ができるものの、この場合の削除請求は本人しかできません。

商品の写真が撮影され、それが掲載された場合

商品の写真も構図やライティングなどに撮影する人の創作性が発揮されるので、一般的には写真の著作物にあたり、著作権が発生します。したがって、その写真を誰が撮影したのかがポイントになります。

自分で撮影した写真であれば、著作権は自分にあります。しかし、メーカーのホームページやカタログに掲載された写真は、著作権が他人（カメラマンやメーカーなど）にあるので、無断使用は著作権侵害となります。次に、商品に使用されているイラストの問題があります。一般的にイラストは美術の著作物にあたるので、イラストをクローズアップさせた写真を撮影し、これを投稿するのは著作権侵害になるといえます。

■ 写真や動画の撮影が問題となるケースと対策

1 社内の飲み会での悪ふざけ写真を撮影してインターネット上に公開した	会社の信用や名誉を傷つけるおそれが高いため、会社の売上低下などの損害が発生した場合、使用者は労働者に誠実義務違反を理由に損害賠償請求ができる。
2 知らない間に店舗内の写真や動画が撮影された	施設管理権に基づき、お客さんに対して写真や動画の撮影を禁止することができる。インターネット上に公開されている場合は削除請求も可能な場合あり。
3 商品の写真が撮影された場合	他人が撮影した商品の写真や、商品に使用されているイラストをクローズアップして撮影した写真を無断で使用すると著作権侵害にあたり、削除請求や損害賠償請求ができる。

5 投稿された動画や写真の利用、削除をめぐる問題

投稿された動画や写真についてプライバシーや肖像権の侵害があるときは削除請求を検討する

投稿された写真や動画の利用にあたっての注意点

インターネット上に投稿されている写真や動画（適法に投稿されたものに限ります）をパソコンやスマートフォンなどにダウンロードして、個人的に楽しむために閲覧する場合は私的使用の範囲内なので、著作権法上の問題は生じません。

問題はブログやSNSなどへの転載です。他人が作成した写真や動画を、著作権者に無断でブログやSNSに転載することは、著作権者の著作権（おもに複製権や公衆送信権）を侵害するので、著作権法に違反します。そして、著作権法違反のうち著作権侵害については「10年以下の懲役または1000万円以下の罰金」（両者が併科される場合もあります）という重い罰則が規定されています。

写真や動画はインターネット上で簡単に手に入るため、ブログやSNSへの投稿の際に写真を利用するときは十分に注意が必要です。もっとも、投稿者（著作権者）が「画像や動画の利用は自由です」としている場合は、許諾を得なくとも自由に利用することができます。

また、動画投稿サイトに投稿された動画の場合には、その動画へとリンクするHTMLコードと呼ばれるものをブログやSNSに埋め込む形で、その動画を利用することができる場合があります。

削除を請求する方法

インターネット上に顔・名前・住所・電話番号など、個人を特定する情報を含んだ動画や写真が無断で投稿されている場合、プライバシーや肖像権の侵害が問題になります。この場合、動画や写真の削除

請求ができます。削除依頼の方法はサイトによって異なります。たとえば、YouTubeの場合は、個々の動画から専用のフォームにアクセスすることができ、所定の事項を選択・記入して削除請求ができるようになっています。

その他のサイトやブログ・SNSの場合は、削除を依頼する専用のフォームがないことが多いので、まず作成者の連絡先を探し、削除請求をします。連絡先がわからないときは、サイト管理者やブログ・SNSのサービス提供者の連絡先を探して削除請求をします。この場合、通常の問合せフォームを利用して請求する方法や、直接メールまたは郵便で請求する方法があります。

削除請求をする際に記載する事項は、氏名、連絡先、削除請求をする写真や動画のURL、問題の個所・内容です。あわせて自分の個人情報を投稿者に伝えないように求めておきます。それでも連絡がとれない、もしくは削除されない場合には、サイト管理者やサービス提供者に対して、プロバイダ責任制限法に基づき発信者情報開示請求をすることが考えられます。

■ 削除申請の手続き

（例）YouTube の投稿による著作権侵害

●削除を依頼する専用フォームがないとき

1 投稿者の連絡先を探し、削除請求をする

2 投稿者の連絡先がわからないときには、サイト管理者やサービス提供者の連絡先を探し、削除請求をする。

Q　著作隣接権とはどのような権利なのでしょうか。

A　著作者以外にも、その周辺で著作物の価値を高めることに貢献する人たちがいます。著作権法はそのような人々にも一定の保護を与えています。

著作物を生み出した者には、生み出した時点で著作権が与えられます。著作物は人間の創作による知的財産として、法的に保護するだけの価値が認められるからです。

ただ、著作物は、一般には著作者の手だけによって世の中に出されるわけではありません。たとえば、シンガーソングライターが制作した楽曲は、コンサート会場で自ら歌うだけでなく、レコード会社によってCD化されたり、有線放送で流されたりして、世の中に広められます。また、同じ演劇の脚本であっても、異なる演出家や俳優が手がけると、その出来栄えもかなり違ったものになってきます。

このように、著作物を世の中に広めるにあたって、その著作物の周囲にあって活動する者（人間や会社などの法人）を無視することはできません。彼らの活動によって、その著作物の価値が一層高められ、文化の発展にも貢献するからです。そして、これらの創作に準じるような活動に対して認められた権利が著作隣接権です。

著作権法は、著作権とは別に著作隣接権について規定し、一定の法的保護を与えています。

●著作権と著作隣接権は別個独立の権利である

著作権法上、著作権と著作隣接権は別個独立の権利として扱われています。そのため、１つの著作物について著作権と著作隣接権が別々の者に帰属している場合に、第三者がそれを利用するときは、著作権者と著作隣接権者の双方から許諾を得ることが必要になります。

たとえば、シンガーソングライターＡが作詞・作曲して歌った曲をレコード会社ＢがCD化している場合、そのCDをコピー（複製）するためには、ＡとＢの双方の許諾が必要になるのです。

●著作隣接権にはさまざまな種類がある

現代社会では、著作物をさまざまな手法で世の中に伝達することができます。また、文化の発展に伴い、新たに創作を加えて、元の著作物により一層の価値を加えることも可能になってきました。

そのため、著作隣接権といっても、さまざまなものが認められています。具体的には、以下のものがあります。

①　実演家の権利

俳優、舞踏家、演奏家、歌手、落語家、指揮者などの実演家に認められる権利です。譲渡権、貸与権、録音・録画権、放送・有線放送権、送信可能化権、放送の二次使用料を受け取る権利、貸レコードについて報酬を受ける権利が認められています。

②　CD製作者の権利

現実的には、レコード会社の権利だと思えばよいでしょう。CD製作者には、複製権、譲渡権、貸与権、送信可能化権、放送の二次使用料を受け取る権利、貸レコードについて報酬を受ける権利が認められています。前述したCDのコピーについて、レコード会社の許諾が必要とされるのは、CD製作者が著作隣接権としての複製権を持っているからです。

③　放送事業者の権利

テレビやラジオの放送局がもつ権利です。複製権、放送権、再放送権、送信可能化権、テレビジョン放送の伝達権が認められています。

④　有線放送事業者の権利

ケーブルテレビ事業者や音楽有線放送事業者などの権利です。複製権、有線放送権、再有線放送権、送信可能化権、有線テレビジョン放送の伝達権が認められています。

●著作隣接権はいつ発生していつ消滅するのか

著作権の取得に特別な手続が不要であるのと同様、著作隣接権の取得にも特別な手続は必要ありません。実演、録音･録画（固定）、放送、有線放送といった行為をした時点で自動的に発生します。

そして、これらの行為があった時点から70年の保護期間を経過すると消滅します。なお、著作権の場合と同じく、保護期間の計算は翌年の１月１日から起算します。

また、著作隣接権を侵害する行為があった場合、著作隣接権者は、侵害者に対して、①侵害行為の差止請求、②損害賠償請求（侵害行為によって損害が発生した場合）、③刑事告訴（侵害行為をわざと行った場合）をすることができます。

■ 著作隣接権のしくみ

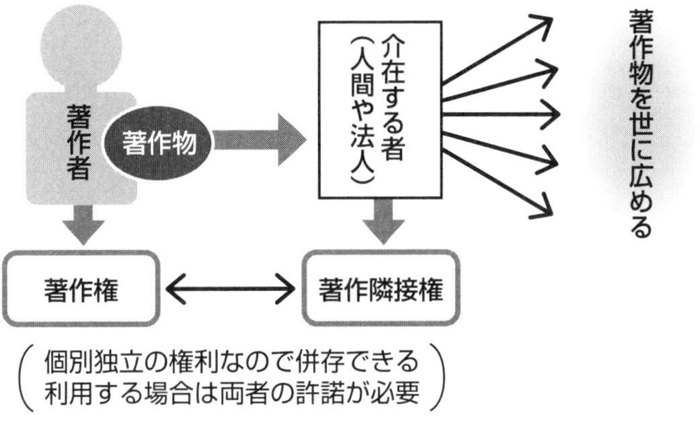

Q お店でTV番組やBGMを流す行為は著作権侵害なのでしょうか。

A 会社の食堂や病院の待合室などに行くと、テレビ番組をお客や患者が視聴できるようにしている場合があります。テレビ番組は、著作権法では「映画の著作物」にあたり、これを公衆送信する権利（放送も公衆送信に含まれます）は著作権者が持っています。したがって、場合によっては著作権侵害の問題が生じるおそれがあるのです。

・放送中のものを見せる場合

現在放送されている番組を、受信装置を用いて観衆に見せることは、「営利を目的としない」「聴衆または観衆から料金を受けない」範囲において、著作権者の許諾を得なくても行うことができます。

さらに、通常の家庭用受信装置（家庭用テレビ）を用いてこれを行う場合は、たとえ営利目的であったとしても著作権者の許諾を得る必要はありません（著作権法38条３項）。たとえば、食堂や家電量販店などが、お客を呼び込むことを目的として、家庭用テレビで放送中のテレビ番組を流していても、著作権法上は問題ないということです。

・録画したものを見せる場合

同じく食堂で家庭用テレビを用いてテレビ番組を流す場合であっても、それがハードディスクやDVDなどに録画したものを再生している場合は、著作権法上の問題が生じます。

食堂など不特定多数の人に見せることを目的としている時点で、私的使用目的の範囲を超えるので複製自体が著作権侵害にあたります。さらに、著作権法38条３項で認められているのは、放送される著作物を公に伝達する行為であり、番組を上映する権利（録画したものの再生も上映に含まれます）が認められたわけではないので、録画したテレビ番組を著作権者の許諾なく食堂などで流すことは、著作権侵害にあたります。

●BGMを流す行為について

BGMを流す場合、著作権だけが問題となる場合と、著作権と著作隣接権が問題となる場合があります。

著作権だけが問題となるのは、購入した音楽CDをCDプレイヤーなどでそのまま再生する場合です。音楽CDを公衆の前で再生すると、著作権法上はその音楽を演奏したことになります。演奏権は著作権者が持っている権利ですから、購入した音楽CDをそのまま再生する場合には、著作権者の許諾を得なければなりません。しかし、著作隣接権者は演奏権を持っていませんので、購入した音楽CDをそのまま再生する限り、著作隣接権者の許諾を得る必要はありません。

これに対し、著作権と著作隣接権が問題となるのは、購入した音楽CDを複製したものを再生する場合です。この行為は、著作権者の複製権と演奏権、著作隣接権者である演奏家の録音権（音楽CDの複製は録音にもあたります）、著作隣接権者であるCD製作者（レコード会社）の複製権の侵害にあたります。侵害にあたらないようにするには、これらの者から許諾を得なければなりません。

・音楽の著作権処理はJASRACの手続きで行う方法もある

著作物が音楽である場合、たいていは著作権者がJASRAC（一般社団法人日本音楽著作権協会）に対して著作権の管理を委託しています。JASRACはホームページ上（https://www.jasrac.or.jp/）で音楽の著作物の利用許諾の手続きについて説明しています。

ホームページからJASRACが管理している音楽の検索や、利用許諾の申込書のダウンロードなどもできます。JASRACが管理している音楽については、JASRACのホームページを参照して手続きを行うとよいでしょう。しかし、JASRACの手続きで得られるのは著作権者の許諾だけです。著作隣接権者の許諾は別に取得する必要があります。

したがって、音楽CDをそのまま再生する場合は、JASRACの許諾だけで行うことができます。音楽CDを複製したものを再生する場合は、JASRACの許諾に加えて、著作隣接権者の許諾を得なければなりません。

●クラシック音楽ならば著作権フリーなのか

著作権は著作者が死亡してから70年後に消滅します。こうしたことから、クラシック音楽には著作権の制限がないと思われることが多いようです。実際に、クラシック音楽の場合、その多くは作曲者の没後70年を経過しているからです。

したがって、クラシック音楽の譜面をもとに演奏する場合、通常は著作権者の許諾が不要です。しかし、だからと言って、クラシック音楽が収録されたCDについて著作権法上の権利がないわけではありません。前述したように、音楽CDには著作権以外に著作隣接権も関係してくるからです。

たとえば、クラシック音楽のCDを複製したものをお店のBGMとして流そうと考えた場合、著作権者の許諾は不要だとしても、著作隣接権を有する演奏家やCD製作者の許諾を得なければなりません。

このように、著作権が消滅しているクラシック音楽が収録されたCDをかける場合、演奏家やCD製作者の許諾を得なければならない場合があります。

なお、クラシック音楽であっても、新たに編曲が加えられているものである場合には、その編曲について編曲者を著作者とする著作権が発生しています。この場合には、編曲者の死後70年を経過していない限り、編曲に関する著作権者の許諾を得ずに、お店のBGMとして編曲されたクラシック音楽のCDを流すと、著作権侵害となることに注意が必要です。

第５章

個人情報保護法と
顧客情報の管理

1 個人情報保護法の全体像をおさえておこう

個人情報保護制度については個人情報保護委員会が統一的に監督をしている

個人情報保護法とは

個人情報保護法（正式名称は「個人情報の保護に関する法律」といいます）は、個人情報の有用性に配慮しつつ、個人のプライバシーや権利利益を保護することを目的とする法律です。

従来、個人情報の保護に関する法律として、①民間事業者を対象とする個人情報保護法、②国の行政機関を対象とする行政機関個人情報保護法、③独立行政法人を対象とする独立行政法人個人情報保護法がありました。これに加えて、地方公共団体（都道府県・市区町村）は、それぞれで個人情報保護条例を設けていました。

個人情報保護制度は、単に個人情報の流出などから個人の権利利益を保護するだけでなく、新産業の創出や経済の活性化などのために個人情報を利活用することも考慮しています。現在では社会全体のデジタル化（デジタル社会）に対応した個人情報保護とデータ流通の両立が要請されます。しかし、団体ごとの個人情報保護制度が異なれば、とくにデータ流通で支障が生じてしまいます。そこで、定義の一元化や個人情報の取扱い等に関する規定の共通化のために、令和４年４月１日施行の改正個人情報保護法は、上記の①～③の法律を「個人情報保護法」に一本化し、さらに令和５年４月１日施行の改正法によって、地方公共団体も「個人情報保護法」の適用対象としました。

また、個人情報保護法では、個人情報の取扱いなどについて、事業分野ごとに各省庁がガイドラインを策定して監督するのではなく、個人情報保護委員会がすべての事業分野に関する個人情報の取扱いなどを監督するしくみを採用しています。

どんな情報が「個人情報」に該当するのか

個人情報保護法における「個人情報」とは、生存する個人に関する情報であって、①その情報に含まれる氏名、生年月日その他の記述等によって特定の個人を識別できるもの（他の情報と容易に照合することができ、それによって特定の個人を識別できるものを含む）、または、②個人識別符号が含まれるもののことをいいます。

たとえば、年齢や性別などのだけでは特定の個人を識別することはできませんが、氏名や生年月日、住所、勤務先などの情報が加わることで、①に該当するため、「個人情報」となります。

②の「個人識別符号」とは、ⓐ特定の個人の身体の一部の特徴をデジタル化した生体認識情報、またはⓑ個人に提供されるサービスの利用や個人に販売される商品の購入に関して割り当てられ、または個人に発行されるカードその他の書類に記載・記録さえた文字・番号・記号などの符号であって、特定の個人を識別できるものをいいます。たとえば、ⓐの例としては、顔認証データ、虹彩、声紋、歩行の際の姿勢・両腕の動作・歩幅などの歩行の態様、指紋・掌紋などのデータが該当します。

個人情報法ガイドラインでは、個人情報に該当するものの例として、①本人の氏名、②生年月日、連絡先（住所・居所・電話番号・メールア

■「個人情報」の定義

個　人　情　報

①生存する個人に関する情報で、当該情報に含まれる氏名、生年月日その他の記述等によって特定の個人を識別できるもの（他の情報と容易に照合できて特定の個人を識別できるものを含む）

②生存する個人に関する情報で、個人識別符号が含まれるもの

（①②の中で、人種・信条・社会的身分・病歴・前科・犯罪被害歴など、本人に対する不当な差別・偏見などの不利益が生じないようにその取扱いにとくに配慮を要するものを「要配慮個人情報」という）

ドレス)、会社における職位、所属に関する情報について、それらと本人の氏名を組み合わせた情報、③防犯カメラに記録された情報等本人が判別できる映像情報、④本人の氏名が含まれる等の理由によって、特定の個人を識別できる音声録音情報、⑤特定の個人を識別できるメールアドレス、⑥官報、電話帳、職員録、法定開示書類(有価証券報告書等)、新聞、ホームページ、SNS(ソーシャル・ネットワーク・サービス)等で公にされている特定の個人を識別できる情報などが挙げられています。

また、死者に関する情報は、原則として個人情報には該当しませんが、その死者に関する情報が、同時に、遺族等の生存する個人に関する情報でもある場合には、当該生存する個人に関する情報に該当するため、個人情報に該当することになります。

■「個人情報」の内容

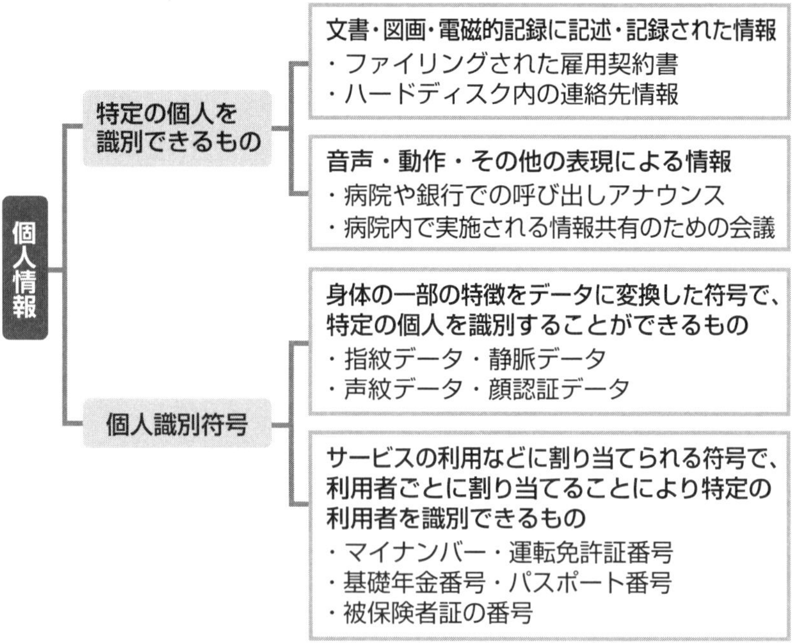

2 個人情報保護法上の重要な用語を知っておこう

個人情報保護法はさまざまな用語の定義規定を設けている

個人情報保護法はさまざまな用語の定義規定を設けている

個人情報保護法では、「個人情報」（173ページ）とはどのようなものかについて定義を設けている他、「要配慮個人情報」「仮名加工情報」「匿名加工情報」「個人関連情報」「個人情報データベース等」「個人データ」「保有個人データ」という似た用語が登場します。ここでは、それぞれの用語の定義について説明します。

個人情報データベース等

「個人情報データベース等」とは、特定の個人情報をコンピュータを用いて検索することができるように体系的に構成した、個人情報を含む情報の集合物をいいます。

コンピュータを用いていない場合でも、紙面で処理した個人情報を、五十音順などの一定の規則に従って整理・分類し、特定の個人情報を容易に検索できるように、目次、索引、符号等を付して、他人によっても容易に検索可能な状態に置いているものも、「個人情報データベース等」に該当します。

たとえば、電子メールソフトに、メールアドレスと氏名を組み合わせた情報を入力している場合におけるメールアドレス帳や、従業員が名刺の情報を業務用パソコンの表計算ソフト等を用いて入力・整理している場合などが、個人情報データベース等に該当します。

ただし、①不特定かつ多数の者に販売することを目的として発行されたものであって、その発行が法または法に基づく命令の規定に違反して行われたものでないこと、②不特定多数の者により随時購入することができ、またはできたものであること。③生存する個人に関する他の情報を加えることなくその本来の用途に供しているものであること、という3つのすべてに該当するものは、その利用方法から、個人の権利利益を害するおそれが少ないことから、個人情報データベース等には該当しません。たとえば、市販の電話帳や住宅地図、カーナビゲーションシステム等は、個人情報データベース等には該当しません。

個人情報取扱事業者

個人情報保護法は、個人情報取扱事業者に対して、さまざまな義務を負わせています。

「個人情報取扱事業者」とは、個人情報データベース等を事業の用に供している者をいいます。ここでいう「事業」には、営利事業も非営利事業も含まれ、規模の大きさも問われません。ただし、国の機関、地方公共団体、独立行政法人等は個人情報取扱事業者に含まれません。

1件でも個人情報を保有する民間事業者は、個人情報データベース等を事業に利用している限り、個人情報取扱事業者に該当します。また、法人格・権利能力のない社団（任意団体）や個人であっても、個人情報データベース等を事業目的に利用している場合は個人情報取扱事業者に該当します。

個人データ・保有個人データ

「個人データ」とは、個人情報データベース等を構成する個人情報のことです。「保有個人データ」とは、個人情報取扱事業者が、開示、内容の訂正、追加または削除、利用の停止、消去および第三者への提供の停止を行うことができる権限を有する個人データであって、その存否が明らかになることによって公益その他の利益が害されるものとして定められた一定のもの以外のものをいいます。

3 個人情報を利用するときにはどんなことに注意するのか

利用目的の特定・公表や個人データの正確かつ安全な管理が必要である

利用目的の特定

個人情報保護法は、事業者が個人情報の利用によって得る利便を認めながら、利用される側の本人の利益や権利を損なわないような利用を推進することを求めており、そのために必要な義務として、「利用目的の特定」を挙げています。

利用目的を特定する際の表現方法については、個人情報保護委員会が出しているガイドラインの中でも詳しく示されています。これによると、「最終的にどのような事業の用に供され、どのような目的で個人情報を利用するのかが、本人にとって一般的かつ合理的に想定できる程度に特定することが望ましい」とされています。たとえば「事業活動に用いるため」「サービス向上のため」といったあいまいな表現では不十分であるとされています。利用目的は、「○○事業における商品の発送、関連するアフターサービス、新商品・サービスに関する情報のお知らせのために利用いたします」「ご記入いただいた氏名、住所、電話番号は、名簿として販売することがあります」などのように、対象となる個人情報がどのように情報が利用されるのかを明確にイメージできるような状態で特定することが必要です。

利用目的の範囲は

利用目的の内容については、常識に反するようなものが除外されることは当然ですが、法律上はとくに明確な制限はなく、幅広い用途に利用することが認められています。

ただし、一度利用目的を特定すると、原則として現在の利用目的と

「関連性」があると合理的に認められる範囲を超えて、利用目的を変更することができなくなります。つまり、変更後の利用目的が変更前の利用目的からみて、社会通念上、本人が通常予期することができる限度であると客観的に認められる範囲内であれば、利用目的を変更することが可能です。

なお、変更された利用目的は、本人に通知するか、または公表をしなければなりません。

利用目的による制限と利用目的を超える取扱い

個人情報取扱事業者は、あらかじめ本人の同意を得ないで、特定された利用目的を達成するために必要な範囲を超えて個人情報を取り扱ってはいけないといった制限も受けることになります。この規定は、事業者が本人の許可なく個人情報を取り扱うことを禁じるものです。本人が「全く知らない会社から訪問販売を受ける」「不要なダイレクトメールを送付される」といった不利益を受けないようにすることを目的としています。

このように、あらかじめ本人の同意を得ないで特定された利用目的の達成に必要な範囲を超えて、個人情報を取り扱うことができないのが原則ですが、以下のような場合については、本人の同意なく利用目的を超えた取扱いをすることが認められています。なお、個人情報取扱事業者が合併、分社化、営業譲渡などで個人情報を取得した場合、以前の利用目的を継承する範囲で個人情報を利用するのであれば、本人の同意を得なくても問題はありません。

① **法令に基づく場合**

警察の令状や税務関係の調査などがこれにあたります。

② **人の生命、身体または財産の保護のために必要がある場合であって、本人の同意を得ることが困難であるとき**

急病、事故などで本人の意識がないが、手術同意書への署名が必要である場合などがこれにあたります。

③　公衆衛生の向上または児童の健全な育成の推進のためにとくに必要がある場合であって、本人の同意を得ることが困難であるとき

疫病情報の提供、問題行動のある児童生徒の情報を関係機関で共有し、対処する必要がある場合などがこれにあたります。

④　国の機関や地方公共団体またはその委託を受けた者が法令の定める事務を遂行することに対して協力する必要があるときであって、本人の同意を得ることにより当該事務の遂行に支障を及ぼすおそれがあるときなど

企業などの事業者等が、税務署の職員等の任意調査に対し、個人情報を提出する場合などがこれにあたります。

利用目的の公表の方法

特定した利用目的は、情報の取得以前に公表、あるいは取得後速やかに本人に通知または公表することが義務付けられています。

通知や公表の方法について具体的な規定はなく、本人に対してより確実に知らせることができる方法を選択すればよいことになっています。経済産業省ガイドラインは、個人情報を取得する場合、あらかじめその利用目的を公表していることが望ましいとしています。

公表とは、不特定多数の人に広く自分の意思を知らせることを指します。たとえば、チラシを作成し、掲示板に掲示する、パンフレットを配布する、インターネットのホームページ上に見やすく掲載する、などの方法があります。また、厚生労働省発行の医療・介護関係事業者へのガイドラインでは、医療・介護期間で問診票や健康保険証を提出する時に本人が認知できるよう、利用目的を院内掲示板などに明示することを義務付けています。

事前の公表を行っておらず、本人に通知する際には、直接本人に伝えることができるような方法、たとえば面談、電話、郵便、メールなどの方法をとらなければなりません。

さらに、商品売買やアンケート用紙への回答、ホームページ上で懸賞応募を受け付けるなどのように、本人との間で契約を締結することにより個人情報を取得する場合は、利用目的を本人に明示することが求められています。「本人に明示」とは、通知と似ていますが、直接伝えるまではしなくても契約書上に明記する、個人情報を入力するホームページ画面に明示するなど、本人が簡単に認識できるような状態に示しておくことを指します。口頭で個人情報を取得する場合には、この義務は課せられていませんが、あらかじめ利用目的を公表するか、速やかに利用目的を本人に通知または公表しなければなりません。

なお、利用目的を本人に通知・公表することで以下の事情が生じる場合は、個人情報取得前の公表、あるいは取得後の本人への通知、公表を行っていなくても個人情報保護法違反にはなりません。

① 本人または第三者の生命、身体、財産その他の権利利益を害するおそれがある場合

子どもに虐待を行う父親の個人情報を取得し、被害防止を図っている場合など

② 個人情報取扱事業者の権利または正当な利益を害するおそれがあるとき

商品開発技術やノウハウなど企業秘密が露呈される可能性がある場合など

③ 国の機関または地方公共団体が法令の定める事務を遂行するために協力する場合に、事務の遂行に支障をきたすおそれがあるとき

市役所などが非公開の犯罪捜査で警察から個人情報の提供を要求された場合など

④ 取得の状況から見て利用目的が明らかであると認められるとき

商品やサービスの販売等にあたって、提供等に用いるために、顧客の住所や電話番号などの個人情報を取得する場合など

個人データの正確性の確保と消去

個人情報保護法は、偽りその他不正の手段により個人情報を取得することを禁じていますが、さらに個人データを正確かつ最新の内容に保つとともに、利用する必要がなくなったときは、その個人データを遅滞なく消去するよう努めなければならないとされています。これは、誤った情報を利用して事業活動や第三者提供などを行うことによって、本人が多かれ少なかれ被害を受ける可能性が高いからです。

なお、保有する個人データについては、一律に、または常に最新の内容とする必要はなく、利用目的に応じて必要な範囲内で最新の内容に保てば足りるとされています。

個人データの正確性をできるだけ維持するために取るべき措置としては、たとえばホームページ上で個人情報を入力する際には入力内容を確認する画面を1回以上表示する、事業者が保有する個人情報の中に本人が誤りを見つけた場合の変更・訂正の方法を明確にしておく、定期的に内容の再登録、あるいは確認をしてもらう、といったことが考えられます。

■ 個人情報の取扱いのおもな注意点

① 利用目的を特定しなければならない

② 利用目的に沿った項目のみを取得しなければならない

③ 取得に際しては利用目的を通知・公表しなければならない

④ 適正な手段によって取得しなければならない

⑤ 情報の取扱管理者を定めなければならない

⑥ 保管場所や保管方法、利用期限を定めなければならない

4 要配慮個人情報について知っておこう

取得や第三者提供の際には本人の同意が必要である

要配慮個人情報とは

「要配慮個人情報」とは、人種、信条、社会的身分、病歴、犯罪の経歴、犯罪によって害を被った事実など、本人に対する不当な差別や偏見その他の不利益が生じないようにその取扱いにとくに配慮を要するものとして一定の記述等が含まれる個人情報のことです。

個人情報保護法は、このような要配慮個人情報を保護するために、一定の規律を設けています。ただし、要配慮個人情報に含まれない個人情報については全く配慮をしなくてもよいというわけではなく、一定の配慮が必要になります。これは、要配慮個人情報に含まれない個人情報の場合も、使われ方によっては差別や偏見を生じさせる危険性があるためです。

どのようなものが要配慮個人情報にあたるのか

「要配慮個人情報」には、本人の人種、信条、社会的身分、病歴、犯罪の経歴、犯罪により害を被った事実の他、身体障害・知的障害・精神障害（発達障害を含む）などの心身の機能の障害があることや、本人に対して医師等によって行われた健康診断等の結果、本人を被疑者・被告人として逮捕・捜索・差押え・勾留・公訴の提起その他の刑事事件に関する手続きが行われたことなどが該当します。

「人種」とは、広く、人種、世系または民族的・種族的出身のことを意味します。人種についての情報は、差別や偏見と結びつきが強い情報ですから、要配慮個人情報となります。たとえば、「アイヌ民族である」「在日韓国人である」というように民族的・種族的な世系については、「人種」に該当し、要配慮個人情報に該当します。

一方、単純な国籍や、「外国人である」という情報は法的な地位にすぎず、それだけではここでいう「人種」には含まれません。肌の色も、人種を推知させる情報にすぎず、「人種」には含まれません。よって、これらの情報は要配慮個人情報ではありません。

「信条」とは、個人の基本的なものの見方や考え方のことであり、思想と信仰の両方を含みます。たとえば、傾向企業（一定の思想が活動の根幹になっている企業）などでは、職員を採用する際に、政治的権利の行使に関する事項を申告させることがありますが、こうした取得した情報は「要配慮個人情報」として特別な扱いが必要になります。

なお、図書の貸し出しサービスにおいて個人の貸し出し履歴の情報から宗教的な傾向を推測させることもありますが、これはあくまで貸し出しの事実にすぎず、このような情報のみでは要配慮個人情報には該当しません。

「社会的身分」とは、ある個人にその境遇として固着しており、一生の間、自らの力で容易にそれから脱することができないような地位

■ 要配慮個人情報とは

人種（国籍のみの情報は含まない）	アイヌ民族・在日韓国人
信条（思想・信仰）	所属する宗教団体・支持政党
社会的身分 （自身身の意思では変えることができない社会的に区別や差別がなされる身分）	被差別部落出身者である・嫡出子ではない
病歴（過去または現在罹う疾患）	ＨＩＶ感染者、ガンの既往歴
犯罪歴（前科の情報）	過去に有罪判決を受け、刑が確定したものの履歴・被害者歴

を意味します。たとえば、被差別部落出身者であることや、嫡出子（結婚関係にある男女から生まれた子）でないことなどが社会的身分に該当します。一方、単なる職業的地位や学歴は社会的身分に含まれません。

「病歴」とは、個人が病気に罹患した経歴のことをいいます。特定の個人がHIV感染者である、ガンの既往歴がある、統合失調症を患っている等がこれにあたります。

「犯罪の経歴」とは、過去に有罪判決を受けて刑が確定した事実のことをいいます。いわゆる前科についての情報です。

また、犯罪の加害者の情報だけでなく、被害者の情報（犯罪によって害を被った事実）も要配慮個人情報となります。

要配慮個人情報の取得には制限がある

要配慮個人情報は極めてデリケートな内容であるため、要配慮個人情報を取得する際には、原則としてあらかじめ本人の同意を得なければならないとされています。

具体的には、要配慮個人情報を取得しようとする場合、提供情報の項目や利用方法を書面などで明示した上で、本人からの同意を得なければなりません。このようにして本人の同意を得ることができた場合は、その個人情報取扱事業者においては、利用目的の範囲内において、その要配慮個人情報を利用することが可能になります。

本人の同意を得ずに要配慮個人情報を取得した場合は、その要配慮個人情報は違法に取得した情報ということになり、個人情報取扱事業者はその利用の停止や消去をしなければならないことになります。個人情報取扱事業者が自発的に利用の停止や消去を行わない場合は、個人情報保護委員会から勧告や命令を受けることになります。この命令に従わなかった場合は、６か月以下の懲役または30万円以下の罰金が科されることになります。これは、両罰規定になりますので、実際に違反行為を行った者だけでなく、監督責任のある法人や個人事業主自体も罰則を受けることになります。

なお、個人情報保護法の改正前に要配慮個人情報にあたるものを取得済みである個人情報取扱事業者については、その情報は違法に取得したものとはいえず、利用することが認められます。

ただし、要配慮個人情報の取得制限には例外が設けられており、事前に本人の同意を得ていない場合であっても取得が認められる場合があります。

たとえば、不特定多数が閲覧可能なSNSなどに本人が公開している要配慮個人情報の場合は、自身が公表を許可している情報であると判断され、取得可能です。また、多くの人の目に入る報道によって公表されている要配慮個人情報なども同様です。

その他にも、法令に基づく場合や、人の生命・身体・財産を保護するために必要であって本人同意を得ることが困難である場合、公衆衛生の向上または児童の健全な育成の推進のためにとくに必要であって本人の同意を得ることが困難である場合など、一定のケースにおいては、例外的にあらかじめ本人の同意を得ないで要配慮個人情報を取得することが認められています。

第三者への提供は原則として本人の同意が必要である

個人データを外部機関などの第三者へ提供する場合、原則として、あらかじめ提供対象となる本人へその旨を明示した上で、本人から同意を得る必要があります。

これをオプトアウトによる第三者提供といい、事前にオプトアウトのしくみを取ることで、本人の同意を得ずに第三者への個人データの提供が可能になります（201ページ）。ただし、本人が提供を中止するように申し出た場合は、第三者への提供を取りやめなければなりません。

一方、要配慮個人情報は個人にとって非常にデリケートな内容を含むため、提供されることで何らかの被害を被る可能性があります。

　したがって、要配慮個人情報に関してはオプトアウトが認められておらず、本人からの同意を得ずに第三者に要配慮個人情報を提供することが禁止されています。

　要配慮個人情報を第三者に提供する場合は、あらかじめ本人に対して、「どのような項目を、いつ、誰に、どのような利用方法のために」提供するのかを明示して、同意を得る必要があります。

　なお、第三者への提供についても取得の場合と同じく、法令に基づく場合や、人の生命・身体・財産を保護するために必要な場合、本人や報道機関などによってすでに公開されている場合など、例外が認められます。

■ 要配慮個人情報の取得・第三者提供 ……………………………

●取得

通常の個人情報	本人の同意は原則不要 ⇒自由に取得することができる
要配慮個人情報	本人の同意が原則必要 ★「同意」 ⇒「個人情報を企業に提供すること」についての同意が必要 極めてデリケートな内容を含む

●第三者提供

通常の個人情報	「オプトアウト」による第三者提供が可能 ⇒本人に対し以下のような事項を明示することが必要 ①第三者に提供すること ②異議がある場合には第三者提供を停止する
要配慮個人情報	オプトアウトは認められない ⇒本人の同意を得ずに第三者提供はできない

5 匿名加工情報について知っておこう

ビックデータの有効利用などのために用いられる

匿名加工情報とは

「匿名加工情報」とは、特定の個人を識別する（ある一人の情報とわかり、その一人が誰かわかる）ことができないように個人情報を加工して得られる個人に関する情報であって、当該個人情報を復元できないようにしたもののことです。情報に匿名性をもたせる加工を施した情報であるため、保有している個人情報をさまざまな目的で利用をするために用いられます。

匿名加工情報は、「個人情報」には該当しないため、本人の同意を得ずに第三者に提供することができます。

どのように加工するのか

匿名加工情報の作成にあたり、匿名性がどの程度になるかについて、あらかじめ検討を加えることが重要です。それでは、どのような匿名性を持たせる加工が考えられるのでしょうか。

個人情報保護法は、匿名加工情報の定義を「特定の個人を識別することができないように個人情報を加工して得られる個人に関する情報であって、当該個人情報を復元することができないようにしたもの」と定めています。

このことから、元の個人情報に含まれる個人を特定し得る記述や情報が匿名加工情報から導けない程度に加工しなければなりません。

通常は、元の個人情報から個人識別符号（173ページ表参照）を削除し、続いて個人を識別できる記述などを削除・置き換えを行い、最後にこれらを復元することができない程度まで匿名加工することになります。

たとえば、ある商品の購入者ごとに「氏名、生年月日、性別、住所、勤め先、運転免許証番号」などが記録されているとします。元の情報から個人識別符号（運転免許証番号）を削除します。続いて、個人を識別できる記述（氏名、生年月日、性別、住所、勤め先）について削除と置き換えを行います（男性・40代・東京都在住・会社員)。最後にこれらを復元することができない程度まで匿名加工（加工後の複数者間データ項目を入れ替える、識別につながる属性を削除する、得られた情報の一部の項目を一定の基準ごとにまとめることなど）します。

これらはあくまでイメージですが、ここまで加工を行えばネットなどの外部へ活用することができることになります。たとえば、サイト閲覧者へ「ご覧の商品は40代の男性を中心に購入されています」という情報を提供すれば、閲覧者の購買意欲をかきたてることが可能になります。

加工や第三者提供に本人の同意は不要である

保有する個人情報に匿名加工を行う際には本人の同意を得る必要はありません。目的に合わせて自由に匿名加工を行うことができます。

さらに、匿名加工情報の第三者への提供時や第三者からの受領時も本人の同意を得る必要はありません。個人情報取扱事業者は自由に第三者提供を行うことが可能で、情報の売買もとくに問題にはなりません。

先ほど、加工の例を説明しましたが、実際に行う方法としては個人情報保護委員会の定める基準に従った加工を行う必要があります。この加工方法は、「いずれの業者においても共通する客観的かつ必要な措置」を基準として個人情報保護委員会で定められる予定です。

これは、定める際の基準や加工方法を個人情報取扱事業者側に認めると、それらの基準が不足しているなどの理由で後に復元や識別作業が行われて個人情報が漏えいする危険性があるためです。

作成者には公表義務がある

匿名加工情報を利用するためには、本人の同意を得ることは必要になりません。ただし、匿名加工情報の作成者には、一定の義務が課せられています。まず、個人情報から匿名加工情報を作成した個人情報取扱事業者は、今後利用する匿名加工情報の項目を公表する必要があります。この公表は、個人情報保護委員会の規則に従って行います。たとえば、「行政区画」「生年月日」「商品購入履歴」などといった項目を、個人情報取扱事業者のホームページに載せる方法などが認められています。

また、個人情報取扱事業者が匿名加工情報を作成した場合には、安全管理に必要な措置や、苦情処理のための措置などを講じて、その内容を公表することが努力義務とされています。

■ 匿名加工情報の作成

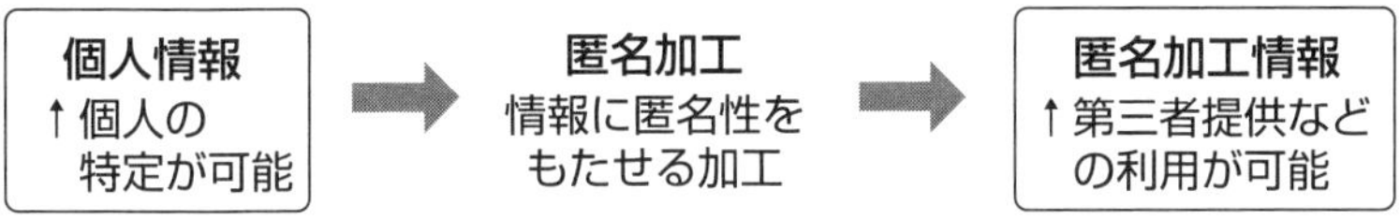

・個人を識別する情報を削除
・後から復元・識別ができないように置き換える

当初の個人情報		加工後の匿名加工情報
氏　名：甲野一郎	匿名加工	氏　名：×（削除）
生年月日：昭和46年6月15日		生年月日：40代
性　別：男性		性　別：男性
住　所：東京都中野区南中野1－2－3		住　所：東京都在住
勤め先：株式会社星光商事		勤め先：会社員
運転免許証番号：123456789123		運転免許証番号：×（削除）

第三者提供者には告知義務などがある

個人情報取扱事業者が匿名加工情報を第三者に提供する場合にも、一定の義務が課せられています。まず、個人情報取扱事業者が匿名加工情報を第三者に提供する場合には、その提供する情報の項目と提供の方法を公開しなければなりません。提供の方法とは、たとえば、「業務提携による情報提供」である、「一般販売」であるといったことを公開することになります。この公開方法についても、個人情報保護委員会の規則に従って行う必要があります。

また、情報を提供する相手（第三者）に対しては、その情報が匿名加工情報であることを明示することが求められます。このことを告知義務といいます。

加工が不十分だった場合どうなるのか

適切な加工がなされているからこそ、第三者への提供時や第三者からの受領時に本人の同意を得る必要が不要となるため、匿名加工情報の加工が個人情報保護委員会の定める基準に満たない場合には、相応のリスクが生じることになります。

当然のことながら、個人情報保護委員会の定める基準に満たない情報は、通常の個人情報として取り扱うべき情報となっています。

つまり、本人の同意を得ることなく、第三者に提供してしまえば、本来は本人に同意を得てから行うべき第三者提供を無断で行ったことになります。

仮にこの不十分な匿名加工情報を得た第三者が本人に対してダイレクトメールなどを郵送した場合、本人としては情報流出の覚えがないため、不十分な匿名加工情報を第三者提供した個人情報取扱事業者に対して、目的外利用や、同意を得ない第三者提供による利用停止請求などを行うことになりますし、場合によっては損害賠償請求も行われるでしょう。

漏えいするとどうなるのか

匿名加工情報は、個人情報から個人を識別する情報を削除したものであり、匿名性を持っているのが特徴です。そのため、たとえ匿名加工情報が漏えいしてしまったとしても、特定の個人に損害が生じるということは通常あり得ません。

したがって万が一、匿名加工情報が漏えいしたとしても、そのこと自体を罰するような規定は存在していません。そもそも、本人の同意がなくても第三者提供することが認められている情報ですので、当然といえば当然のことです。

ただし、元の情報に復元されたり、識別作業が行われたりする可能性が、絶対にないとは言い切れません。重要な情報として安全に管理していくことは徹底しなければならないでしょう。

■ 匿名加工情報の第三者提供と義務

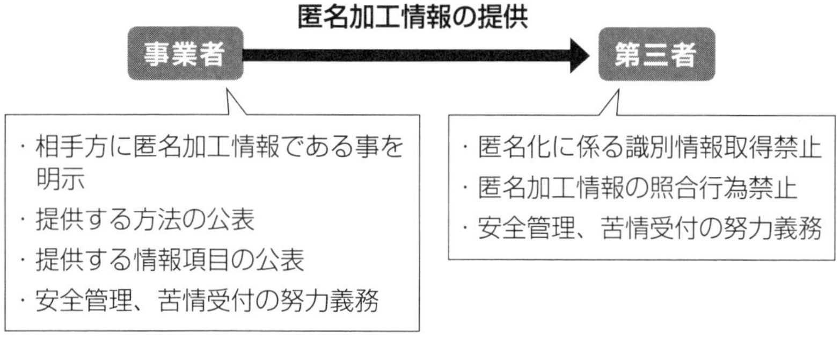

6 仮名加工情報について知っておこう

匿名加工情報よりも加工が簡単であり企業による利活用が期待される

仮名加工情報とは

「仮名加工情報」とは、個人情報を加工して、他の情報と照合しない限り特定の個人を識別することができないように加工して得られる個人に関する情報です。たとえば、元の個人情報の一部を削除することや、一定の記号で置き換えたりすることによって作成したものが仮名加工情報に該当します。

たとえば、「氏名、生年月日、性別、住所」が記録されている元の情報から仮名加工情報を作成する場合、氏名を規則性のないIDに変更した上で、生年月日や住所の全部または一部を削除する、といった方法が考えられます。

仮名加工情報は、令和４年４月１日施行の改正個人情報保護法によって新たに設けられました。匿名加工情報とよく似ているイメージですが、仮名加工情報は、匿名加工情報とは異なり、原則として「個人情報」に該当するものです。そのため、原則として第三者への提供が禁止されるなど、仮名加工情報には個人情報についての規制が適用されますが、一定の例外があります。

仮名加工情報は、匿名加工情報よりも加工が簡単であるため、企業にとっては利用・活用しやすいものです。

なお、仮名加工情報を作成するときは、一定の基準に従って加工する必要があります。

仮名加工情報取扱事業者等の義務

個人情報保護法は、仮名加工情報取扱事業者（仮名加工情報データベース等を事業目的で利用している者のうち、国の機関、地方公共団体、独立行政法人等、地方独立行政法人を除いた者のこと）および、仮名加工情報を作成する個人情報取扱事業者が、仮名加工情報を取り扱う場合等における義務を定めています。この義務は、仮名加工情報が個人情報に該当する場合と該当しない場合とで異なっています。

仮名加工情報の作成の元となった個人情報やその仮名加工情報に係る削除情報等を保有しているなどによって、その仮名加工情報が「他の情報と容易に照合することができ、それにより特定の個人を識別することができる」状態にある場合には、その仮名加工情報は「個人情報」に該当します。反対に、その仮名加工情報が「他の情報と容易に照合することができ、それにより特定の個人を識別することができる」状態にない場合には、その仮名加工情報は「個人情報」に該当しません。

仮名加工情報が「個人情報」に該当する場合、通常の個人情報の取扱い等に関する義務とほぼ同様の義務を負いますが、利用目的の変更、漏えい等の報告等、本人からの開示等の請求等についての個人情報保護法の規定は適用されず、これらについては義務を負いません。

■ 仮名加工情報の作成

個人情報
↑個人の
特定が可能

→ **仮名加工**
他の情報と照合
しない限り特定の個人を
識別できないように加工

→ **仮名加工情報**
↑原則として
個人情報にあたる

当初の個人情報

氏　　名：甲野一郎
生年月日：昭和 46 年
6月 15 日
性　　別：男性
住　　所：東京都中野区
南中野 1 － 2 － 3

→ 仮名加工 →

当初の個人情報

氏　　名：89jda51tg3ld
生年月日：昭和 46 年
6月
性　　別：男性
住　　所：東京都中野区

7 安全管理措置について知っておこう

個人データが漏えい、滅失または毀損しないように必要かつ適切な措置をとる必要がある

個人データの安全管理措置

個人情報取扱事業者の重要な義務のひとつとして、「安全管理措置（安全管理のために必要かつ適切な措置）」を講じることが挙げられます。安全管理措置とは、個人データの漏えい、滅失または毀損が生じないようにするための体制を整えることを意味します。

ガイドラインによれば、安全管理措置については、個人データが漏えい等をした場合に本人が被る権利利益の侵害の大きさを考慮して、個人情報取扱事業者の事業の規模・性質、個人データの取扱状況（取り扱う個人データの性質・量を含む）、個人データを記録した媒体の性質等に起因するリスクに応じて、必要かつ適切な内容としなければならないとされています。

具体的に講じなければならない措置として、ガイドラインは、「基本方針の策定」「個人データの取扱いに係る規律の整備」「組織的安全管理措置」「人的安全管理措置」「物理的安全管理措置」「技術的安全管理措置」「外的環境の把握」を挙げています。

なお、従業員の数が100人以下の個人情報取扱事業者のことを「中小規模事業者」といいます（ただし、①事業の目的に利用する個人情報データベース等を構成する個人情報によって識別される特定の個人の数の合計が過去6か月以内のいずれかの日において5000を超える者、または②委託を受けて個人データを取り扱う者は除きます）。

中小規模事業者であっても安全管理措置を講じる必要がありますが、ガイドライン上、中小規模事業者は、必ずしも大企業と同等の安全管理措置を講じなければならないわけではなく、円滑にその義務を履行し得るような手法で足りるものとされています。もっとも、中小規模事業者が、その他の個人情報取扱事業者と同様の手法を採用することは、より望ましい対応であるとされています。

基本方針の策定

個人情報取扱事業者は、個人データの適正な取扱いの確保について組織として取り組むために、基本方針を策定することが重要であるとされています。ガイドラインによると、具体的に定める項目の例として、「事業者の名称」「関係法令・ガイドライン等の遵守」「安全管理措置に関する事項」「質問および苦情処理の窓口」等が考えられるとされています。

個人データの取扱いに係る規律の整備

個人情報取扱事業者は、その取り扱う個人データの漏えい等の防止その他の個人データの安全管理のために、個人データの具体的な取扱いに係る規律を整備しなければなりません。

ガイドラインは、その例として、取得、利用、保存、提供、削除・廃棄等の段階ごとに、取扱方法、責任者・担当者およびその任務等について定める個人データの取扱規程を策定することを挙げています。

組織的安全管理措置

個人情報取扱事業者は、組織的安全管理措置として、以下の措置を講じなければなりません。

①　組織体制の整備

安全管理措置を講ずるための組織体制を整備しなければなりません。具体的には、たとえば、個人データの取扱いに関する責任者の設置および責任を明確化すること、個人データを取り扱う従業者およびその役割を明確化すること、これらの従業者が取り扱う個人データの範囲を明確化することなどが挙げられます。

② 個人データの取扱いに係る規律に従った運用

あらかじめ整備された個人データの取扱いに係る規律に従って個人データを取り扱わなければなりません。

なお、ガイドラインは、整備された個人データの取扱いに係る規律に従った運用の状況を確認するため、利用状況等を記録することも重要であるとしています。

③ 個人データの取扱状況を確認する手段の整備

個人データの取扱状況を確認するための手段を整備しなければなりません。具体的には、たとえば、個人情報データベース等の種類・名称や個人データの項目、利用目的、アクセス権を有する者などをあらかじめ明確にしておくことなどが考えられます。

④ 漏えい等事案に対応する体制の整備

漏えい等事案の発生または兆候を把握した場合に適切かつ迅速に対応するための体制を整備しなければなりません。

なお、ガイドラインは、漏えい等事案が発生した場合、二次被害の防止、類似事案の発生防止等の観点から、事案に応じて、事実関係及び再発防止策等を早急に公表することが重要であるとしています。

⑤ 取扱状況の把握及び安全管理措置の見直し

個人データの取扱状況を把握し、安全管理措置の評価、見直し及び改善に取り組まなければなりません。たとえば、個人データの取扱状況について、定期的に自ら点検を行うことや、他部署や外部の主体による監査を実施することなどが考えられます。

人的安全管理措置

従業者（従業員など、直接間接に事業者の指揮監督を受けて事業者の業務に従事している者のこと）に対し、安全管理についての啓発や教育、訓練などを行うことをいいます。ガイドラインによれば、個人情報取扱事業者は、人的安全管理措置として、従業者に、個人データの適正な取扱いを周知徹底するとともに適切な教育を行わなければなりません。具体的には、たとえば、個人データの取扱いに関する留意事項について、従業者に定期的な研修等を行うことや、個人データについての秘密保持に関する事項を就業規則等に盛り込むことなどが考えられます。

また、個人情報取扱事業者は、従業者に個人データを取り扱わせる際には、個人情報保護法に基づき従業者に対する監督をする必要もあります。

物理的安全管理措置

個人情報の所在場所への入退室や、保存している物（ファイル、外部記憶装置など）の管理や、情報そのものに対する安全管理をいいます。ガイドラインによれば、個人情報取扱事業者は、物理的安全管理措置として、以下のように、①個人データを取り扱う区域の管理、②機器・電子媒体等の盗難等の防止、③電子媒体等を持ち運ぶ場合の漏

■ 組織的・人的安全管理措置

組織的安全管理措置

① 安全管理措置を講ずるための組織体制を整備する
② 個人データの取扱いに係る規律に従って個人データを取り扱う
③ 個人データの取扱状況を確認するための手段を整備する
④ 漏えい等事案に適切かつ迅速に対応するための体制を整備する
⑤ 個人データの取扱状況を把握し、安全管理措置の評価、見直し、改善に取り組む

人的安全管理措置

従業者に、個人データの適正な取扱いを周知徹底し、適切な教育を行う

えい等の防止、④個人データの削除および機器、電子媒体等の廃棄を講じる必要があります。

① 個人データを取り扱う区域の管理

個人情報データベース等を取り扱うサーバーやメインコンピュータ等の重要な情報システムを管理する区域（「管理区域」といいます）およびその他の個人データを取り扱う事務を実施する区域（「取扱区域」といいます）について、それぞれ適切な管理を行わなければなりません。

② 機器・電子媒体等の盗難等の防止

個人データを取り扱う機器、電子媒体および書類等の盗難または紛失等を防止するために、適切な管理を行わなければなりません。

③ 電子媒体等を持ち運ぶ場合の漏えい等の防止

個人データが記録された電子媒体または書類等を持ち運ぶ場合、容易に個人データが判明しないよう、安全な方策を講じなければなりません。ここでいう「持ち運ぶ」には、個人データを管理区域または取扱区域から外へ移動させること、または当該区域の外から当該区域へ移動させることをいいます。そのため、事業所内の移動等であっても、個人データの紛失・盗難等に留意しなければならないとされています。

④ 個人データの削除および機器、電子媒体等の廃棄

個人データを削除し、または個人データが記録された機器、電子媒体等を廃棄する場合には、復元不可能な手段によって行わなければなりません。また、個人データを削除した場合や、個人データが記録された機器、電子媒体等を廃棄した場合には、削除・廃棄した記録を保存することや、それらの作業を委託する場合には、委託先が確実に削除・廃棄したことについて証明書等により確認することが重要であるとされています。

技術的安全管理措置

個人データへのアクセス制御や不正ソフトウェア対策などの技術的な安全管理のことです。ガイドラインによれば、個人情報取扱事業者は、情報システムを使用して個人データを取り扱う場合には、技術的安全管理措置として、以下のように、①アクセス制御、②アクセス者の識別と認証、③外部からの不正アクセス等の防止、④情報システムの使用に伴う漏えい等の防止を講じる必要があります。

① アクセス制御

担当者および取り扱う個人情報データベース等の範囲を限定するために、適切なアクセス制御を行わなければなりません。具体的には、たとえば、個人情報データベース等を取り扱うことのできる情報シス

■ 物理的・技術的安全管理措置

物理的安全管理措置

① 個人情報データベース等を取り扱う「管理区域」およびその他の個人データを取り扱う事務を実施する「取扱区域」について、適切な管理を行う
② 個人データを取り扱う機器・電子媒体・書類等の盗難・紛失当を防止するための適切な管理を行う
③ 個人データが記録された電子媒体・書類等を持ち運ぶ場合の安全な方策を講じる
④ 個人データの削除や、個人データが記録された機器・電子媒体の廃棄は、復元不可能な手段によって行う

技術的安全管理措置

① 担当者や取り扱う個人情報データベース等の範囲の限定のため、適切なアクセス制御を行う
② 正当なアクセス権をもつ従業者であることを、識別結果に基づき認証する
③ 外部からの不正アクセス等から保護する仕組みを導入・運用する
④ 個人データの漏えい等の防止措置を講じ、適切に運用する

テムを限定することや、アクセス権限を有する者に付与する権限の最小化などが挙げられます。

② アクセス者の識別と認証

個人データを取り扱う情報システムを使用する従業者が正当なアクセス権を有している者であることを、識別結果に基づいて認証しなければなりません。具体的には、たとえば、ユーザーIDやパスワード、ICカードによる識別・認証が挙げられます。

③ 外部からの不正アクセス等の防止

個人データを取り扱う情報システムを外部からの不正アクセスまたは不正ソフトウェアから保護する仕組みを導入して、適切に運用しなければなりません。具体的には、たとえば、情報システムと外部ネットワークとの接続箇所にファイアウォールを設置して不正アクセスを防ぐことなどが挙げられます。

④ 情報システムの使用に伴う漏えい等の防止

情報システムの使用に伴う個人データの漏えい等を防止するための措置を講じて、適切に運用しなければなりません。具体的には、たとえば、情報システムのぜい弱性を突いた攻撃への対策を講ずることや、移送する個人データについてパスワードによる保護を行うことなどが挙げられます。

外的環境の把握

個人情報取扱事業者が外国において個人データを取り扱う場合は、当該外国の個人情報の保護に関する制度等を把握した上で、個人データの安全管理のために必要かつ適切な措置を講じなければなりません。

「外国において個人データを取り扱う場合」の例としては、個人情報取扱事業者が、外国にある第三者に個人データの取扱いを委託する場合や、外国にある支店・営業所に個人データを取り扱わせる場合などが挙げられます。

8 第三者提供の規制について知っておこう

原則として本人同意を得る必要がある

個人データの第三者提供には原則として本人の同意が必要

個人情報保護法上、個人情報取扱事業者は、個人データを第三者に提供するにあたって、原則として、あらかじめ本人の同意を得ずに提供してはならないとされています。あらかじめ第三者に提供することを予定している場合は、その旨を利用目的として特定する必要があります。

例外的に、本人の同意を得ずに個人データの第三者提供が認められるのは、①法令に基づいて個人データを第三者に提供する場合や、②人の生命・身体・財産などの具体的な権利利益が侵害されるおそれがあり、これを保護するために個人データを第三者に提供することが必要であり、かつ、本人の同意を得ることが困難な場合などです。

オプトアウトによる第三者提供とは

個人データの第三者への提供にあたって、個人情報保護法で定められている一定の事項をあらかじめ本人に通知し、または本人が容易に知り得る状態しておき、かつ、個人情報保護委員会に届け出た場合には、あらかじめ本人の同意を得ることなく、個人データを第三者に提供することができます（オプトアウトによる第三者提供）。

個人情報保護委員会に届け出る必要がある一定の事項とは、①個人情報取扱事業者の氏名・名称、住所、法人等の代表者の氏名、②第三者への提供を利用目的とすること、③第三者に提供される個人データの項目、④第三者に提供される個人データの取得方法、⑤第三者への提供方法、⑥本人の求めに応じて第三者への提供を停止すること、⑦

本人の停止の求めを受け付ける方法、⑧第三者に提供される個人データの更新の方法、⑨その届出に係る個人データの第三者への提供を開始する予定日、の９つです。

届出を行った事項のうち、第三者に提供される個人データの項目等（③、④、⑤、⑦、⑧）を変更する場合には、変更する内容について、あらかじめ本人に通知し、または本人が容易に知り得る状態にするとともに、個人情報保護委員会に届け出なければなりません。

また、①（氏名・名称、住所、法人等の代表者の氏名）の変更があった場合、および個人データの第三者提供をやめた場合は、遅滞なく、本人に通知し、または本人が容易に知り得る状態にするとともに、個人情報保護委員会に届け出る必要があります。

なお、要配慮個人情報（182ページ）については、通常の個人情報と比べてもプライバシー性が高いことなどから、オプトアウトによる第三者提供をすることはできません。また、オプトアウトによって提供を受けた個人データをさらにオプトアウトによって再提供することや、不正取得された個人データをオプトアウトによって第三者に提供することもできません。

委託や共同利用などは「第三者」にあたらない

①委託、②事業の承継、③共同利用の場合において個人データを提供することは、形式的には個人データの第三者提供を行っているように見えても、個人データの提供を受ける相手方は、ここでいう「第三者」に該当せず、第三者提供にはあたりません。したがって、あらかじめ本人の同意や第三者提供におけるオプトアウトを行うことなく、個人データを提供することができます。

具体的には、①「委託」については、利用目的の達成に必要な範囲内で、個人データの取扱いに関する業務の全部または一部を委託することに伴って、その個人データが提供される場合をいいます。

②「事業の承継」については、合併や分社化、事業譲渡等によって事業が承継されることに伴って、その事業に係る個人データが提供される場合をいいます。

③「共同利用」については、特定の者と共同して利用される個人データをその特定の者に提供する場合をいいます。この場合、ⓐ共同利用をする旨、ⓑ共同利用される個人データの項目、ⓒ共同利用する者の範囲、ⓓ利用目的、ⓔ当該個人データの管理責任者の氏名・名称、住所、法人の場合はその代表者の氏名を、あらかじめ本人に通知し、または本人が容易に知り得る状態にしているときは、提供先は、個人データを当初提供した事業者と一体のものとして取り扱うことが合理的であることから、「第三者」に該当しないことになります。

第三者提供をした場合の記録の作成・確認等の義務

個人情報取扱事業者は、個人データを第三者に提供したときは、原則として、当該個人データを提供した年月日や第三者の氏名・名称などの一定の事項に関する記録を作成する義務を負います。この記録は、作成方法に応じて、個人データの提供を行った日から１年または３年間、保存しなければなりません。

また、個人情報取扱事業者は、第三者から個人データの提供を受けるに際しては、原則として、①当該第三者の氏名・名称、住所、法人の場合はその代表者の氏名、②当該第三者による当該個人データの取得の経緯について、個人データを提供する第三者から申告を受ける方法などの適切な方法によって、確認をする義務を負います。この確認を行ったときは、当該個人データの提供を受けた年月日や当該確認に係る事項などの一定の事項に関する記録を作成しなければなりません。この記録も、作成方法に応じ、個人データの提供を受けた日から１年または３年間、保存しなければなりません。

9 個人情報保護のためのさまざまな対応

個人データの漏えい等が生じた場合は個人表法保護委員会に報告しなければならない

「個人情報を推進する上での考え方や方針」の策定・公表

個人情報保護について事業者としての姿勢を明確にするために、「個人情報を推進する上での考え方や方針」を策定し、公表するという方法があります。個人情報保護ガイドラインは、消費者等本人との信頼関係を構築し事業活動に対する社会の信頼を確保するために、「プライバシーポリシー」や「プライバシーステートメント」等）を策定し、それをホームページへ掲載することまたは店舗の見やすい場所へ掲示すること等によって公表し、あらかじめ、対外的にわかりやすく説明することや、委託の有無、委託する事務の内容を明らかにする等、委託処理の透明化を進めることが重要であるとしています。

保有個人データに関する事項の本人への周知

個人情報取扱事業者は、保有個人データについて、以下の①から⑤までの情報を本人の知り得る状態に置かなければなりません。

① 個人情報取扱事業者の氏名・名称、住所、法人の場合は代表者の氏名

② すべての保有個人データの利用目的（ただし一定の場合を除く）

③ 保有個人データの利用目的の通知の求めまたは開示等の請求に応じる手続、保有個人データの利用目的の通知の求めまたは開示の請求に係る手数料の額（定めた場合に限る）

④ 保有個人データの安全管理のために講じた措置（ただし、本人の知り得る状態に置くことにより当該保有個人データの安全管理に支障を及ぼすおそれがあるものは除く）

個人情報に関する業務を外部委託している場合

経費節減、作業の早期完了などを目的として、自社の業務の一部を外部委託する（アウトソーシング）企業が増えています。たとえば、適正に取得した個人情報をデータベースの形に加工する（個人情報データベース等にする）業務や、商品の発送業務を外部業者（委託先）に委託する場合、委託先が自社の個人データを保有することになります。

この場合、利用目的の範囲内で外部委託を行う限り、個人データの第三者提供にあたらないため、個人データの受渡しに関して、本人の同意やオプトアウト手続（195ページ）は必要ありません。

しかし、委託元である個人情報取扱事業者は、外部委託に際して、委託先が個人データを適正に利用するよう監督する義務（安全管理措置義務）が生じます。このとき、委託元が委託先に出向いて作業を監督するわけにはいかないため、委託先と委託先の間で「個人データを適正に取り扱います」という契約書を取り交わし、不正利用を食い止める手段がとられます。契約書には、定期的に安全管理措置の状況について確認する条項を設けることも必要でしょう。

個人データの漏えい等に対する対応

個人情報取扱事業者は、その取り扱う個人データの漏えい（外部に流出すること）、滅失（個人データの内容が失われること）、毀損（個人データの内容が意図しない形で変更されることや、内容を保ちつつも利用不能な状態となること）などが生じた場合、または生じるおそれのある事案が発覚した場合には、その内容等に応じて、以下の①から⑤について必要な措置を講じなければなりません。

① 事業者内部における報告および被害の拡大防止

② 事実関係の調査および原因の究明

③ 影響範囲の特定

④ 再発防止策の検討および実施

⑤　個人情報保護委員会への報告および本人への通知

また、個人情報保護事業者は、ⓐ要配慮個人情報が含まれる個人データの漏えい等が発生し、または発生したおそれがある事態、ⓑ不正に利用されることにより財産的被害が生じるおそれがある個人データの漏えい等が発生し、または発生したおそれがある事態、ⓒ不正の目的をもって行われたおそれがある個人データの漏えい等が発生し、または発生したおそれがある事態、ⓓ個人データに係る本人の数が千人を超える漏えい等が発生し、または発生したおそれがある事態、のいずれかの事態を知ったときは、個人情報保護委員会に報告しなければなりません（「報告対象事態」といいます）。

なお、個人データの取扱いを委託している場合、ガイドラインによれば、委託元と委託先の双方が個人データを取り扱っていることになることから、報告対象事態に該当するときは、原則として委託元と委託先の双方が報告する義務を負うことになります。報告は、委託元及び委託先の連名で行うことができます。また、報告義務を負っている委託元に対して委託先が報告対象事態が発生したことを通知したときは、委託先は報告義務を免除されるとしています。

■ 外部委託における事業者（委託元）の義務 ……………………

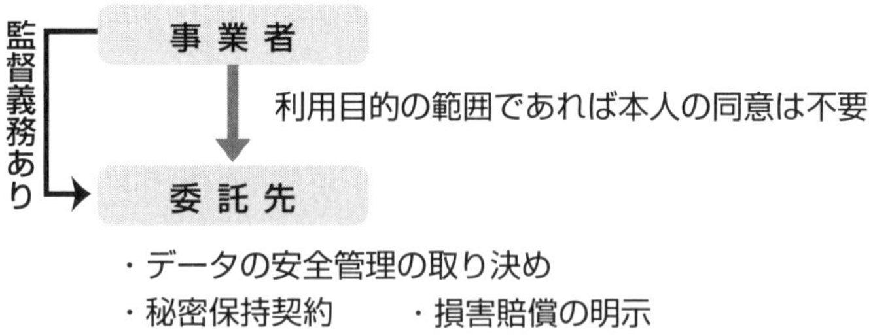

10 プライバシーポリシーについて知っておこう

個人情報の取扱いについて定めた規範

プライバシーポリシーとは

個人情報の漏えいを防ぐためのセキュリティは、ネットショップの運営者が必ず取り組まなければならないと同時に最も注意をしなければならない課題です。

物理的な方法や技術的な手段によって顧客の個人情報が漏えいしないようにすることは重要です。このような個人情報保護の枠組みは個人情報保護法に定められています。

個人情報の漏えいを完全に防ぐことは非常に困難だといえます。なぜなら、漏えいには、不正アクセスやコンピュータウイルスの感染など外部の悪意ある人間による場合もあれば、内部スタッフのミスや、悪意による情報の持ち出しなどの場合もあり、これらのケースすべてに完璧に対応できるように準備することは不可能に近いことだからです。したがって、情報漏えいを防ぐには、漏えいが起こる可能性を少しでも軽減する対策を講じるというスタンスが現実的です。その上で顧客情報の管理・保護のためのルールや判断基準を定め、方針として明確にします。この方針をプライバシーポリシーといいます。よくWebサイトを閲覧していると「個人情報保護にかかる方針」や「当社の個人情報の取扱いについての重要事項」といった記載を見かけることがありますが、このような規範がプライバシーポリシーです。

プライバシーポリシーはWebサイト上で顧客の情報（個人情報など）をどのような目的で収集するのか、どのような方法で収集しているのか、どのような扱いをするのか（保護の手段や管理体制はどのようなものか）を明示するものです。

なお、個人情報保護法17条には「個人情報を取り扱うに当たっては、その利用の目的をできる限り特定しなければならない」という規定が設けられています。したがって個人情報を入力してもらうネットショップにおいては、情報入力の際に、しっかりプライバシーポリシーを閲覧できるよう、提示するしくみが必要です。これがなされなければ個人情報保護法違反となります。

インターネットの利用者にとっては、なるべく自身の情報を入力したり、特定されたくはありません。そこでプライバシーポリシーはこういった利用者に対して警戒心を解いたり、不安を和らげようとする意味を持っており、同時に後述するような組織としての個人情報保護の規範を確認する目的を持っています。

実際にサイト上のどこにプライバシーポリシーを設置すべきか明確な決まりはありませんが、常に目立って表示されるトップメニューやサイドメニュー、あわせて個人情報を取得する画面等に設置することが望ましいと考えられます。

セキュリティ対策にはどのようなものがあるか

セキュリティー対策には、具体的に以下のようなものがあります。

・顧客情報に触れることのできる内部スタッフを制限する
・顧客情報を外部に持ち出すことを禁止する
・顧客情報を保存しているサーバにアクセスできるIPアドレスの制限、顧客情報の暗号化
・ウイルスに感染した場合の緊急対応の方法（ネットワークの切断方法など）
・顧客情報が漏えいした場合の対処法（漏えい先へのデータ削除の依頼、顧客への告知、問い合わせ窓口の開設など）

プライバシーポリシーでは、以上のような対策基準や実施手順を定めます。

個人情報取得の際には利用目的を具体的に明示すること、そして特定された利用目的以外に個人情報を取り扱わないことなどです。

なお、取得した個人情報を第三者に提供する際は原則として本人の同意が必要になりますので、Webサイトを外部委託しており、委託先が個人情報を一時的に保有する場合は同意をすでに得るような配慮が必要です。またWebサイトがグループ会社等で共用されている場合にも、取得した個人情報がグループ会社で利用されること（情報の項目や範囲、目的等を含む）も明示しておく必要があります。

さらに、個人情報以外についても、匿名加工情報や仮名加工情報の取扱いや第三者提供、個人関連情報の第三者提供について、これらの情報を取り扱うときは、個人情報護法に違反しないような内容を明示しておくことも必要です。

このように、プライバシーポリシーとはネットショップが顧客の情報を保護するために、定める方針といえます。

なお、セキュリティはどんなに対策を施しても完璧ということはありません。完璧にすることばかりを優先した結果、対策コストがショップの実力以上にかさんでしまうようでは商売になりません。商売であることも十分考慮に入れて、コスト面からどの程度のセキュリティ対策が可能かを検討する姿勢もネットショップの運営者としては必要です。専門家の意見も聞いて対策を立てるようにしましょう。

■ プライバシーポリシーの役割

事業者側

- 組織的な情報漏えい対策
- 人的管理基準が明確になる
- 法的義務を果たせる

⇔

顧客側

- 警戒心や不安が緩和される
- 個人情報がどのように取り扱われるかを把握できる
- 問い合わせ先・方法が明確になる

書式　プライバシーポリシー

プライバシーポリシー（個人情報及び特定個人情報等保護方針）

わが社は、現代情報化社会における個人情報（個人情報保護法第２条第１項に定める個人情報をいう。以下同じ）及び特定個人情報等（番号利用法第２条第５項に定める個人番号及び個人番号をその内容に含む個人情報をいう。以下同じ）の重要性及びその侵害の危険性について真摯に認識し、全社を挙げて個人情報及び特定個人情報等の保護に努めるべく、ここに宣言する。

第１条（個人情報及び特定個人情報等の取得）

①　わが社は、個人情報を取得に際しては、個人情報保護法及び番号利用法の理念に沿って、適正な手段を講じるものとする。また、要配慮個人情報（人種、信条、社会的身分、病歴、犯罪歴、犯罪被害者歴等、個人情報保護法第２条第３項に定める個人情報をいう。以下同じ）の取得は、本人の同意なく取得することをしない。

②　わが社は、個人番号関係事務を処理するために必要がある場合に限り、特定個人情報（個人番号をその内容に含む個人情報をいう。以下同じ）を取得し、番号利用法の理念に沿って、適正な手段を講じるものとする。

第２条（個人情報及び特定個人情報等の管理）

①　わが社は、取得した個人情報及び特定個人情報等の正確性を保ち、これを安全に管理し、そのために必要な物的・人的・技術的完全管理体制を整えるものとする。なお、特定個人情報の取得に際しては、厳格な本人確認を実施する。

②　わが社は、ＩＴ社会における個人情報及び特定個人情報保護のため、不正アクセス等に対するセキュリティ体制を整えるべく努めるものとする。

③　わが社は、取締役以下全従業員、業務上取り扱う個人情報及び特定個人情報保護のために、管理方法等の研修を実施するものとする。

④　わが社は、個人情報及び特定個人情報の管理を徹底するために、個人情報保護責任者及び特定個人情報保護責任者を任命し、その任に当たらせるものとする。

第３条（個人情報及び特定個人情報等の利用）

①　わが社は、取得した個人情報については、その取得に至る利用目的の範囲内において、かつ、業務上必要な限度においてのみ、利用するものとする。

②　わが社は、個人番号関係事務を処理するために必要がある場合、かつ、業務上必要な限度においてのみ、特定個人情報を利用するものとする。なお、たとえ本人の同意があっても必要な限度を超えて特定個人情報を利用しない。

③　わが社は、個人情報の取扱いを第三者に委託する場合、第三者と共同して利用する場合には、当該第三者について、厳正かつ適正な調査および監督を施すものとする。

④　わが社は、個人情報の取扱いを第三者に委託する場合、第三者と共同して利用する場合には、外部委託管理規程、外部委託運用細則を遵守し、秘密保持契約を締結するものとする。

⑤　わが社は、個人番号関係事務を処理するために必要がある場合、かつ、業務上必要な限度においてのみ、特定個人情報の取扱いを第三者に委託するものとする。また、個人番号関係事務の全部又は一部を他者に委託するときは、外部委託管理規程、外部委託運用細則を遵守し、秘密保持契約を締結するものとする。なお、委託先がわが社の許諾を得て再委託する場合においても同様とする。

⑥　わが社は、個人番号関係事務を処理する必要がなくなったときは法令の保存期間経過後、速やかに廃棄または削除するものとする。

第４条（匿名加工情報・仮名加工情報）

① わが社は、匿名加工情報（個人情報保護法第２条第６項に定める情報をいう。以下同じ）及び仮名加工情報（個人情報保護法第２条第５項に定める情報をいう。以下同じ）の作成に際しては、個人情報保護委員会規則に従い、個人情報を加工するものとする。

② わが社は、匿名加工情報を第三者に提供するときは、提供する情報の項目及び提供の方法を公表し、提供先の第三者に対し、当該提供する情報が匿名加工情報である旨を明示するものとする。

③ わが社は、法令に定めがある場合を除いて、仮名加工情報を第三者に対して提供することはしない。

④ わが社は、匿名加工情報及び仮名加工情報の安全管理に必要かつ適切な措置を講じ、講じた措置の内容を公表するものとする。

第５条（個人情報及び特定個人情報等の第三者提供）

① わが社は、法令に定めがある場合を除いて、事前に本人の同意を得ることなく、個人情報を第三者に対して提供することはしない。

② わが社は、個人データ（個人情報保護法第16条第１項に定める個人情報データベース等を構成する個人情報をいう。以下同じ）を第三者提供するときは、個人情報保護委員会規則に従い、当該個人データを提供した年月日、当該第三者の氏名等の記録を作成し、一定の期間保存するものとする。

③ わが社は、法令に定めがある場合を除いて、特定個人情報を第三者に対して提供することはしない。

第６条（個人関連情報の第三者提供）

① わが社は、第三者が個人関連情報（個人情報保護法第２条第７項に定めるものをいう。以下同じ）を個人データとして取得することが想定されるときは、当該第三者がわが社から個人関連情報の提供を受けて本人が識別される個人データとして取得することを認める旨の本人の同意が得られていることにつき、あらかじめ確認

せずに当該個人関連情報を当該第三者に提供することはしない。

② わが社は、個人関連情報を第三者に提供した際には、個人情報保護委員会規則に従い、その記録の作成及び保存を行う。また、第三者から個人関連情報の提供を受ける際には、個人情報保護委員会規則に従い、必要な確認を行い、当該確認に関する記録の作成及び保存を行う。

第７条（個人情報び特定個人情報等の開示等）

① わが社は、個人情報び特定個人情報については、その本人からの、開示、訂正、利用停止、消去等の請求がある場合には、適正かつ速やかな対応を講ずるものとする。

② わが社は、特定個人情報については、自らの特定個人情報が違法に第三者に提供されている訴えがあり、かつ、それが事実であったときに遅滞なく第三者への提供を停止するものとする。

第８条（個人情報保護マネジメントシステムの策定） わが社は、本方針の内容を実現し、個人情報保護及び特定個人情報保護対策を実現するために、これらの情報を適切に利用するとともに、個人情報管理規則及び特定個人情報管理規則を策定し、従業員その他関係者に周知徹底し、なおかつ、適宜、継続的に改善していくものとする。

附　則

1　この規則を変更または廃止する場合は、取締役会の承認を必要とする。

2　この規則は平成26年４月５日制定し、同日実施する。

3　この規則の主管者は総務部門長とする。

（制定記録）

制定　　平成26年４月５日

改訂　　令和○年４月５日

11 保有個人データの開示・訂正等・利用停止等の請求について知っておこう

本人からの請求に応じて対応すべき事項が定められている

保有個人データの開示の請求

個人情報取扱事業者は、本人から、その本人が識別される保有個人データ（176ページ）の開示の請求を受けたときは、本人に対し、電磁的記録の提供による方法、書面の交付による方法、その他個人情報取扱事業者の定める方法の中から本人が請求した方法によって、遅滞なく、当該保有個人データを開示する義務を負います。当該保有個人データが存在しないときはその旨を本人に知らせる必要があります。

ただし、開示することによって、①本人または第三者の生命、身体、財産その他の権利利益を害するおそれがある場合、②個人情報取扱事業者の業務の適正な実施に著しい支障を及ぼすおそれがある場合、③他の法令に違反することになる場合のいずれかに該当するときは、その全部または一部を開示しないことができますが、これにより開示しない旨の決定をしたときまたは請求についての保有個人データが存在しないときは、遅滞なく、その旨を本人に通知する必要があります。

なお、本人が請求した方法による開示が困難であるときは、その旨を本人に通知した上で、書面の交付による方法により開示を行わなければなりません。

保有個人データの訂正等の請求

個人情報取扱事業者は、本人から、その本人が識別される保有個人データに誤りがあり、事実でないという理由によって、内容の訂正、追加または削除（これらをあわせて「訂正等」といいます）の請求を受けた場合は、利用目的の達成に必要な範囲で遅滞なく必要な調査を行った上で、その結果に基づいて、原則として、訂正等を行う義務を負います。利用目的からみて訂正等が必要ではない場合や、保有個人データが誤りである旨の指摘が正しくない場合には、訂正等を行う必要はありません。ただし、その場合には、遅滞なく、訂正等を行わない旨を本人に通知しなければなりません。

また、個人情報取扱事業者は、訂正等の請求に係る保有個人データの内容の全部もしくは一部について訂正等を行ったとき、または訂正等を行わない旨の決定をしたときは、遅滞なく、その旨（訂正等を行ったときは、その内容を含みます）を本人に通知する義務を負います。

なお、保有個人データの内容の訂正等に関して他の法令の規定によって特別の手続が定められている場合には、その法令の規定が適用されることになります。

保有個人データの利用停止等の請求

個人情報取扱事業者は、以下のいずれかに該当する場合には、保有個人データの利用の停止または消去（これらをあわせて「利用停止等」といいます）、あるいは第三者提供の停止を行わなければなりません。

①　個人情報保護法違反の場合の利用停止等

本人から、その本人が識別される保有個人データが、本人の同意なく目的外利用がされている、不適正な利用が行われている、偽りその他不正の手段により個人情報が取得されたものである、本人の同意なく要配慮個人情報が取得されたものである、という理由によって、利用停止等の請求を受けた場合であって、その請求に理由があることが判明したときは、原則として、遅滞なく、利用停止等を行う必要があります。

②　個人情報保護法違反の場合の第三者提供の停止

本人から、その本人が識別される保有個人データが、本人の同意なく第三者に提供されているという理由によって、当該保有個人データの第三者提供の停止の請求を受けた場合であって、その請求に理由があることが判明したときは、原則として、遅滞なく、第三者提供の停止を行う必要があります。

③　個人情報保護法の一定の要件を満たす場合の利用停止等または第三者提供の停止

本人から、ⓐ本人が識別される保有個人データを当該個人情報取扱事業者が利用する必要がなくなったという理由、ⓑ本人が識別される保有個人データに係る漏えい等の事案が生じたという理由、ⓒ本人が識別される保有個人データの取扱いによってその本人の権利または正当な利益が害されるおそれがあるという理由によって、当該保有個人データの利用停止等または第三者提供の停止の請求を受けた場合であって、その請求に理由があることが判明したときは、原則として、遅滞なく、利用停止等または第三者への提供の停止を行わなければなりません。

保有個人データの利用目的の通知の請求

個人情報取扱事業者は、一定の場合を除き、本人から、その本人が識別される保有個人データの利用目的の通知を求められたときは、遅滞なく、本人に通知しなければなりません。通知しない旨を決定したときは、遅滞なく、その旨を本人に通知する必要があります。

理由の説明

個人情報取扱事業者は、開示等の請求等（保有個人データの利用目的の通知の求め、保有個人データの開示、訂正等、利用停止等もしくは第三者提供の停止、または第三者提供記録の開示の請求のこと）に係る措置の全部または一部について、その措置をとらない旨またはその措置と異なる措置をとる旨を本人に通知する場合は、併せて、本人に対して、その理由を説明するように努めなければならないとされています。

開示等の請求等に応じる手続

個人情報取扱事業者は、開示等の請求等において、これを受け付ける方法として、以下の①から④までの事項を定めることができます。

① 開示等の請求等の申出先
② 開示等の請求等に際して提出すべき書面（電磁的記録を含む）の様式、その他の開示等の請求等の受付方法
③ 開示等の請求等をする者が本人またはその代理人であることの確認の方法
④ 保有個人データの利用目的の通知または保有個人データの開示をする際に徴収する手数料の徴収方法

これらの開示等の請求等を受け付ける方法を定めた場合、本人の知り得る状態（本人の求めに応じて遅滞なく回答する場合を含みます）に置かなければなりません。

■ 開示・訂正等、利用停止等の請求 ……………………………

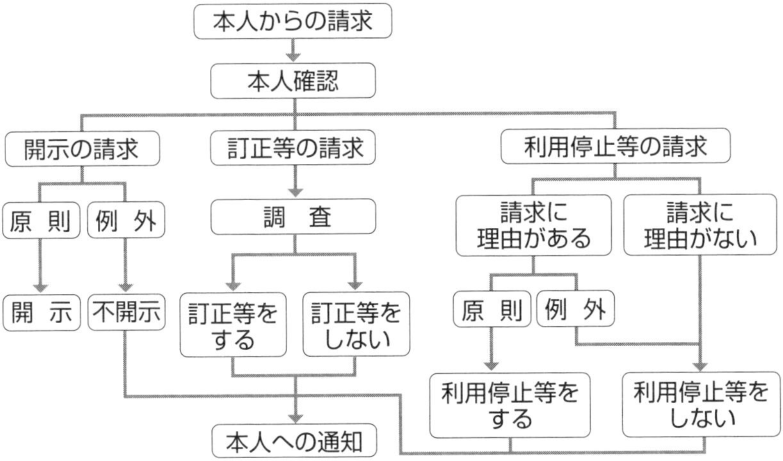

書式　開示請求に対する回答書

回答書

○○○○殿

貴殿から提出されました開示請求書記載の件につき、下記のとおり（開示する・開示しない）ことと決定いたしましたので、ご通知申し上げます。

【開示の対象】

○○○○○○○○○○○○○○○○○○○○○○○○
○○○○○○○○○○○○○○○○

【謄写の費用】

謄写の費用として金○○○円をお支払いいただきますようお願い申し上げます。

※○月○日までに、当社にあらかじめご連絡の上、お越し下さいますようお願い申し上げます。

【不開示の理由】

○○○○○○○○○○○○○○○○○○○○○○○○
○○○○○○○○○○○○○○○○

令和○年○月○日

株式会社○○○○
代表取締役　○○○○
担当者　○○○○

Q 個人の検索履歴と情報収集の方法について教えてください。利用者は情報収集を拒否することもできるのでしょうか。

A インターネットで特定のジャンルを続けて検索したら、後から検索していたジャンルに関連した広告ばかりが表示されたという経験はないでしょうか。検索サービス提供事業者などは、検索キーワードや広告クリックの履歴、商品の購入履歴、他のサイトの閲覧履歴などをもとに、個人の興味や関心に連動して広告表示をしています（行動ターゲティング広告）。

個人の検索キーワードの履歴やサイトの閲覧履歴などの情報を収集するにあたっては、Cookie（クッキー）というサイトを閲覧したときに一時的に情報が作成・保存される機能が利用されています。しかし、Cookieを用いて行われる情報収集は、IPアドレスやIDと結びつけられているだけで、その情報単体では利用者の氏名や住所などの個人情報を特定できません。したがって、このような情報収集は、原則としては、個人情報保護法やプライバシー保護の対象にならず、検索履歴などについて情報収集すること自体は違法となりません。

なお、令和４年（2022年）４月施行の個人情報保護法改正で、Cookieなどが「個人関連情報」（特定の個人を識別できない個人に関する情報）に該当することになり、個人関連情報の第三者への提供により、その第三者の保有する個人情報と紐づけられることが想定される場合に、規制対象となる（本人の同意を得ていることの確認などが要求される）ことに注意を要します。

●業界団体による自主的なガイドラインの策定など

インターネットの利用者としては、個人を特定して広告を表示しているように見え、不安感があるといえます。また、個人を識別できる情報と結びつくと、その情報が個人情報になって個人情報保護法の規制が及ぶ他、プライバシー侵害の問題も生じかねません。

そこで、業界団体の日本インタラクティブ広告協会（JIAA）では、行動ターゲティング広告ガイドラインを策定し、情報収集する項目や利用目的を利用者が知り得る状態にすること、情報の収集や利用の可否を利用者が選択できるようにすることなどを定めています。

また、令和５年（2023年）６月施行の電気通信事業法改正で「外部送信規律」が導入された点に注意を要します。利用者がサイトやアプリを利用した際、その端末（パソコンやスマートフォンなど）の外部（事業者のサーバなど）にCookieなどの情報を送信する場合、利用者に対し、送信される情報、送信先の名称、送信先における情報の利用目的を通知するか、または容易に知り得る状態に置く（サイト上での公表など）ことを義務付けるものです。

●情報収集を拒否したい場合

利用者が、自分の検索履歴や商品の購入履歴、サイト閲覧履歴などの情報を収集してほしくない、広告に利用してほしくない、と考えた場合には、検索サービス提供事業者が定めている情報収集や利用を拒否する手続きをとることになります。また、行動ターゲティング広告が利用しているCookieの動作を停止すれば、広告の対象外となり、情報の収集や利用することができなくなります。

■ 行動ターゲティング広告のしくみ

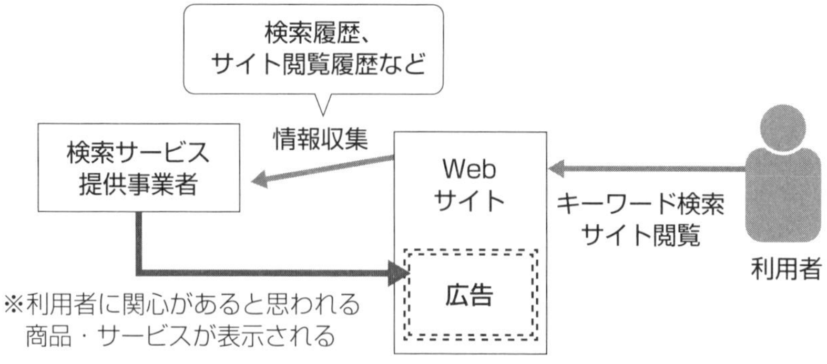

第6章

犯罪やその他の法律問題と対策

1 インターネット上の犯罪にはどのようなものがあるか

名誉毀損罪、侮辱罪、詐欺罪などのさまざまな犯罪が成立する可能性がある

インターネットを利用した犯罪にはどんな犯罪があるのか

インターネットやコンピュータを悪用した犯罪のことを、一般的に「サイバー犯罪」と呼びます。掲示板、ブログ、SNSなどで他人を誹謗中傷する場合に問題となる名誉毀損罪や侮辱罪や、インターネット上にわいせつな画像や動画を公開する場合に問題となるわいせつ物頒布罪、ネットショッピングやネットオークションなどで相手のお金をだまし取る詐欺罪などがあります。

なりすまし行為によって成立しうる犯罪

なりすましと行為は、本人でないのに本人を詐称してネット上のサービス等を利用したり、実在する他のサイトを模倣して本物のサイトであるかのようにユーザーを誤解させて利用させる行為などをいいます。

他人のIDやパスワードを盗用して電子メールやSNSなどのシステムにログイン・アクセスする行為は、不正アクセス禁止法における不正アクセス行為（222ページ）にあたり、３年以下の懲役または100万円以下の罰金に処せられる可能性があります。

また、実在する人物や企業になりすますことによって他人を信用させて商品などの売買契約を結び、代金を先払いさせて、商品は渡さずに行方をくらますような行為や、他人のID・パスワードなどを盗用して不正サクセスをした上で他人のクレジットカード情報を入力するなどの行為は、刑法上の詐欺罪にあたり、10年以下の懲役に処せられる可能性があります。

迷惑メールの送信によって成立しえる犯罪

迷惑メールの送信は、特定商取引法や特定電子メール法などの法律によって規制されています。おもな規制として、広告メールを送る場合には、そのメールの本文に送信者の氏名（名称）の他、受信拒否通知を受けるためのURLなどを明示しなければなりません。また、受信者から事前に承諾を得ていない場合には、原則として広告メールの送信ができません。違反者には改善命令などが出される他、悪質な場合は罰則が科されます。

ネット上での誹謗中傷によって成立しうる犯罪

ブログやSNSなどで他人を誹謗中傷する情報を公開することは、刑法上の侮辱罪や名誉毀損罪にあたる可能性があります。多くの人に宛てて他人を誹謗中傷する内容のメールを一斉に送信した場合も同様です。

■ サイバー犯罪についての法規制

なりすまし行為 他人の ID・パスワードの盗用または電子メール・掲示板上で他人を装う

- 他人の ID やパスワードを盗用して電子メールや SNS などのシステムにログイン・アクセスする
  ⇒不正アクセス禁止法における不正アクセスにあたる
- 実在する人物・企業になりすました売買契約による代金のだまし取り
  ⇒詐欺罪にあたる

迷惑メール

- 「特定商取引法」・「特定電子メールの送信の適正化等に関する法律」による規制
  ⇒①広告メールに送信者の氏名（名称）や受信拒否通知を受けるための URL などの明示を義務付けている
  ②受信者の事前の承諾を得ない広告メールの送信を禁止する

誹謗中傷メール 他人を誹謗中傷する情報の書き込み・公開

⇒侮辱罪・名誉毀損罪にあたる可能性（民事上の損害賠償責任の追及も可能）

2 ネットによる誹謗中傷に対する対策

直接的な手段はwebサイト管理者への誹謗中傷の書き込みの削除請求である

誹謗中傷を書き込むとどうなるのか

インターネットの普及により、多くの人が自分の意見を掲示板（BBS）やブログ、SNSなどに書き込むことが可能になりました。しかし、中には他人のプライバシーを暴く、名誉を傷つける、誹謗中傷するといった書き込みも見られます。このような他人の権利を侵害する書き込みは不法行為として扱われる他、名誉毀損罪などの犯罪にあたることもあるため、このような書き込みをしないようにしなければなりません。

① 名誉毀損罪

名誉とは、個人の目には見えない社会的評価のことです。この社会的評価を傷つける（低下させる）行為のことを名誉毀損といいます。

名誉毀損の被害者は、加害者に対して、慰謝料の支払いを請求できます。加害者に請求できる慰謝料は、加害者の書き込みが被害者の社会的評価の低下にどれだけ影響したかなどによって客観的に判断されます。また、被害者は、損害賠償に代えて、または損害賠償とともに、加害者に対して、名誉を回復するのに適当な処分（新聞に謝罪広告を載せるなど）の請求もできます。

名誉毀損については、刑法が定める名誉毀損罪が成立する可能性もあり、被害者が警察に告訴するケースも考えられます。もっとも、名誉毀損罪（刑法230条）が成立するには、名誉を傷つける行為が公然となされることが必要です。

② プライバシー権侵害

家庭や個人の内情などの私生活や私事について、他人の干渉から保護することは、個人の尊厳を尊重するという憲法が採用する原理からも必要なことです。この他人からの干渉に煩わされず、自分の情報をみだりに他人に対して公開されない権利のことをプライバシー権といいます。

現在では、国や地方公共団体をはじめ、私企業などに記録・保存されている自己の個人情報についてコントロールする権利（どのような個人情報が集められているかを知り、不当に利用されないようにする権利）という側面も、プライバシーの権利の範囲内に含まれるものと考えられています。

検索すると自分を誹謗中傷するサイトが表示される場合

自らを誹謗中傷するサイトを検索結果に表示されないようにするために、検索事業者（検索サービス提供事業者）に対して、自らを誹謗中傷するサイトが存在することを通知し、検索結果に表示されないように請求ができます。検索事業者のサイトには連絡用のフォームが用意されているので、侵害情報、侵害されていると考える理由などの必要事項を記入して送信します。

■ 掲示板・ブログ・SNSなどへの書き込みで生じる法的問題 …

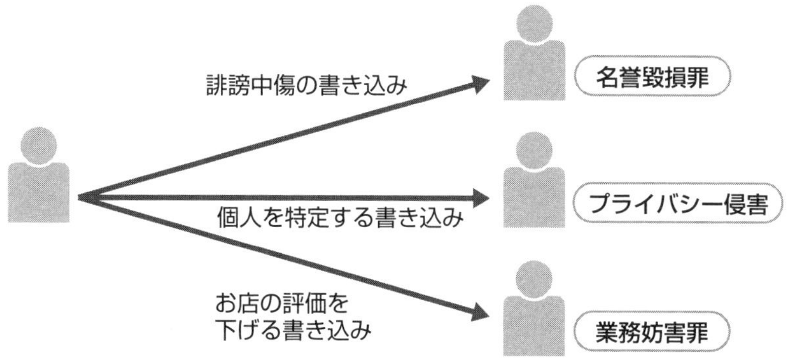

もっとも、削除依頼に応じるかどうかは検索事業者の判断によります。検索事業者は、そのサイトがインターネット上に存在していることを検索結果に反映しているにすぎず、自ら誹謗中傷しているわけではなく、検索結果への反映は権利や利益を侵害する行為にはあたらないといえるからです。そこで、根本的解決を求めるならば、サイト管理者に対して誹謗中傷の書き込みを削除するように請求するのが最善といえます。

裁判例においても、サイト管理者に対する削除請求がされていないのに、検索結果からサイトが表示されないように請求できる場合を限定的に判断しており、検索結果として表示されるサイト自体から違法性が明らかで、かつ、サイトの大部分が違法性を有している場合で、検索事業者が申出などによって違法性を認識できたのに放置した場合としています。

検索事業者への削除請求は、検索事業者による任意での対応を期待することになる場合が多いでしょう。そのため、誹謗中傷するサイト管理者に連絡がとれない場合や管理を放棄しているなど、サイトそのものの削除が難しい場合、サイト管理者に対して訴えを提起している状況などでの初動的な対応として、検索事業者に対する削除請求を考えておくとよいでしょう。

プロバイダ責任制限法による規制

プロバイダ責任制限法は、サイト管理者が削除請求に基づいて権利を侵害するとされる書き込みを削除しても、書き込みをした人（発信者）に対する損害賠償責任を免れることができる場合の他、発信者情報開示請求について規定しています。

なお、従来の発信者情報開示請求については、裁判手続きに時間や費用がかかるなどの問題がありました。そこで、令和３年に発信者情報開示請求を簡易・迅速化する新しい手続きを盛り込んだ改正法が成立し、令和４年10月１日から施行されました（244ページ）。

webサイトへの書き込みと業務妨害

たとえば、グルメサイトにお店の料理がまずい、店員の対応が悪いなどのウソの書き込みをすることは、偽計業務妨害罪（刑法233条）にあたる可能性があります。偽計業務妨害罪とは、虚偽の風説を流布する（ウソの情報を広く伝える）こと、または偽計（人を欺く手段）を用いることによって、他人の業務を妨害する犯罪です。

上記の場合、とくにお店に行ったことがなく、お店の情報を持たない人に向けて、料理がまずいなどのウソの書き込みをした点が「虚偽の風説を流布する」ことにあたるといえます。そして、偽計業務妨害罪は、実際にお客が減ったかどうかは問わず、お客が減る可能性がある状態になることで成立します。つまり、ウソの書き込みを見た通常の人が、「そのお店に行くのはやめよう」「そのメニューを注文するのはやめよう」と考えるような内容の書き込みである場合に、偽計業務妨害罪が成立するといえます。

■ 誹謗中傷記事（書き込み）があるサイトへの対応 ……………

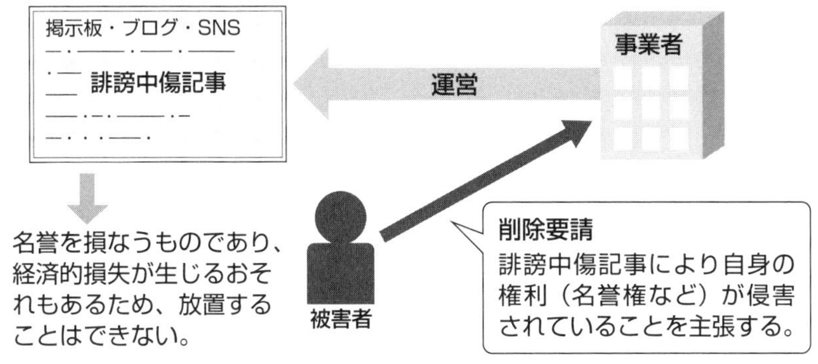

Q **ネット上の誹謗中傷などに適用される侮辱罪の法定刑が引き上げられたことにより、悪質な行為には従来よりも重い刑罰が科されると聞いたのですが、どのように扱われるのでしょうか。**

A 人の名誉を傷つける行為に対する罪としては「名誉毀損罪」（刑法230条）と「侮辱罪」（刑法231条）の２つがあります。法定刑は名誉毀損罪の方が重く、「３年以下の懲役若しくは禁錮又は50万円以下の罰金」のに対して、侮辱罪の法定刑は、これまでは「拘留又は科料」とされていました。「拘留《こうりゅう》」とは、１日以上30日未満の間で刑事施設に拘置する刑罰であり、「科料」とは、1000円以上１万円未満の金銭を支払う刑です。しかし、令和４年の刑法改正によって、侮辱罪の法定刑が「１年以下の懲役若しくは禁錮若しくは30万円以下の罰金又は拘留若しくは科料」へと引き上げられました。この改正法は、令和４年７月７日から施行されており、この施行日以降に行われた行為に適用されます。

このような侮辱罪の厳罰化により、憲法の保障する表現の自由が不当に侵害され、たとえば、政治討論などによる公人への正当な批判が抑制されるという懸念が示されました。しかし、従来から変わらず、侮辱罪の処罰対象は「事実を摘示せずに、公然と人の名誉を傷つける こと（公然と侮辱すること）」のままです。

また、従来からの「拘留又は科料」も残されていますので、拘留・科料に相当する犯罪行為に対し、懲役または罰金という過度に重い刑罰が科されるのではなく、懲役または罰金に相当する悪質な犯罪行為にのみ、新設された懲役または罰金が科されることで、犯罪行為の重さと刑罰の重さとのバランスが図られています。

Q　私が経営している飲食店に関して、グルメサイトの口コミで事実無根の中傷コメントなどが書き込まれるという被害を受けてています。このような書き込み行為は犯罪に問われないのでしょうか。

A　たとえば、グルメサイトに「お店の料理がまずい」「店員の対応が悪い」「店内が不衛生である」などのウソの書き込みをすることは、偽計業務妨害罪（刑法233条）にあたる可能性があります。偽計業務妨害罪とは、虚偽の風説を流布する（ウソの情報を不特定または多数の者に伝える）こと、または偽計（人を欺く手段）を用いることによって、他人の業務を妨害する犯罪です。

お店に行ったことがなく、お店の情報を持たない人に向けて、料理がまずいなどのウソの書き込みをする行為は、「虚偽の風説を流布する」行為に該当するといえます。

そして、このようなウソの書き込みによって実際にそのお店のお客や売り上げが減ったかどうかは関係なく、そのウソの書き込みがお客や売り上げを減らす可能性がある行為であれば、偽計業務妨害罪が成立します。つまり、ウソの書き込みを見た通常の人が、「そのお店に行くのはやめよう」「そのメニューを注文するのはやめよう」と考えるような内容の書き込みである場合に、偽計業務妨害罪が成立するといえます。

なお、自分の書き込みではなく他人の書き込みだとしても、ウソの書き込みを引用して情報を拡散した場合にも偽計業務妨害罪が成立する可能性があるので注意が必要です。

偽計業務妨害罪が成立すると、３年以下の懲役または50万円以下の罰金に処せられます。

3 電子メールの送信に関する問題点

電子メールの送信による迷惑行為は、悪意がある場合だけでなく、不注意によって生じる場合もある

電子メールの送付と迷惑行為

電子メール（メール）は、非常に便利なツールですが、同時に多数の相手に同じ内容の文章や写真を送ることができるという特徴を悪用して、不要な広告が大量にばらまかれることがあります。迷惑行為となるメールの送信は、悪意があるものに限られるわけではありません。たとえば、ソフトの操作ミスによって、多くの人に無関係のメールが一斉に送信されるなどの迷惑行為が生じる可能性もあります。

ウイルスメールと損害賠償責任

たとえば、ウイルスメールの送信者をＡ、Ａからの添付ファイルを開いてしまった人をＢ、Ｂを介してウイルスメールを受け取った人をＣとします。

コンピュータウイルスは、メールの添付ファイルを介して送られてきたり、不正なサイトを閲覧したりすることで感染します。しかし、感染を防ぐためのウイルス対策ソフトや駆除ツールも準備されています。そこで、知らなかったとはいえ、Ｂが安易に送信者不明のメールの添付ファイルを開くなどの過失が認められるかが問題になります。

Ｂに過失がある場合は、Ｃからの損害賠償請求に応じなければなりません。Ｃとしては、送信してきた相手（Ｂ）にしか責任追及ができないためです。ただし、十分な注意を払っていたのに不可抗力でウイルスメールが送信されてしまったのであれば、Ｂは責任を負いません。

他方、ＢはＡに対して損害賠償請求をする権利があります。また、ＢはＣに対して支払った賠償金の分を含めて請求できます。送信ログ

などからAの正体を突き止めることができる場合もありますので、管轄の警察のサイバー犯罪対策課に相談してみましょう。

ウイルスメールの送信

コンピュータウイルスは、電子メールのしくみを利用して、勝手に拡大します。自分のコンピュータがウイルス感染をすると、他人にウイルスメールが勝手に送信されます。

この場合、不正指令電磁的記録供用罪（ウイルス供用罪）が問題になります。この罪は、正当な理由なく、ウイルスのような不正な指令を与える電磁的記録を他人のコンピュータで動作させることで成立します（動作させようとした未遂も処罰されます）。しかし、自分のコンピュータがウイルス感染していることを知らずにウイルスメールを送っているので、犯罪の故意に欠け、ウイルス供用罪は成立しません。

■ ウイルス感染したメールの送付

(例) コンピュータウイルスに感染したメールを受け取り、知らないうちにアドレス帳に登録されたアドレス宛にウイルスメールが送信されてしまう

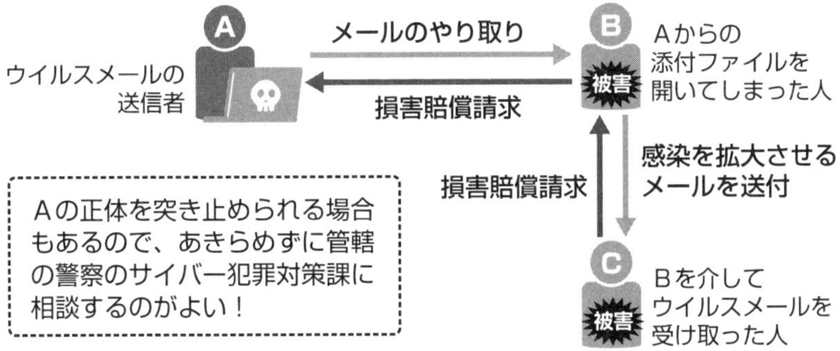

4 コンピュータへの不正アクセス

不正アクセス行為だけではなく、これを目的とするID・パスワードの取得なども禁止されている

不正アクセス禁止法の処罰対象

不正アクセス禁止法の規定によって、不正アクセス行為自体が犯罪とされますので、捜査当局は大きな犯罪が起きる前に、不正アクセス行為を摘発し、他の犯罪の発生を未然に防ぐことができます。

不正アクセス禁止法が禁じているおもな行為は、①不正アクセス行為、②不正アクセス行為の目的による他人の識別符号（IDやパスワードなど）の取得・保管行為、③不正アクセス行為を助長する行為であり、いずれも処罰対象です。

不正アクセス行為とは、アクセス権限を持たない者が、インターネットなどのネットワークを通じて、サーバや情報システムの内部へと侵入する行為です。侵入するだけで不正アクセス行為は成立するため、侵入後の情報改ざんがなくても不正アクス禁止法によって処罰されます。また、不正アクセス行為は企業や政府機関が管理するシステムに侵入する場合だけでなく、不正に取得したIDやパスワードを用いて個人が管理するオンラインゲームやネットショッピングのアカウントへ侵入することも、同じく不正アクセス行為に該当します。

さらに、不正アクセス行為の前段階である②③の行為も処罰対象に含まれます。③の例として、他人のIDやパスワードを勝手に第三者に教える行為が挙げられます。

不正アクセス行為の分類と再発防止措置

不正アクセス行為は、識別符号を盗用する「なりすまし」（識別符号盗用型）と、セキュリティの欠陥を利用して識別符号なしに侵入す

る行為（セキュリティホール攻撃型）に分類されます。

前述したように、不正アクセス禁止法は、不正アクセス行為をした人を罰するだけではなく、他人の識別符号を提供した（教えた）人も処罰対象にしています。また、不正アクセス行為があった場合、サーバなどの管理者に再発防止措置を行うことを求め、必要な場合は行政機関がその援助を行います。なりすましの被害にあった場合、なぜ識別符号が盗まれたのかを調査する必要があり、被害者自身が教えたのでなければ、不正アクセス禁止法による処罰が可能になります。

他人が自分になりすましてSNSをしている場合

他人が自分になりすましてSNSをしている場合は、まずはSNSの運営者に対して、なりすましのアカウントを削除するように請求します。

たとえば、Twitterの場合は運営者に請求するためのフォームがあります。そこに相手のアカウント、自分の連絡先、なりすましで被害を受けていることなどを入力します。フォーム自体は英語ですが、日本語でも対応しています。

■ 不正アクセス禁止法の処罰対象となる行為

処罰対象の行為	刑事罰
不正アクセス行為	3年以下の懲役または 100万円以下の罰金
不正アクセス行為の目的による 他人の識別符号の取得・保管行為	1年以下の懲役または 50万円以下の罰金
不正アクセス行為を助長する行為※	50万円以下の罰金

※相手方に不正アクセス行為の目的があるのを知って他人の識別符号をその相手方に提供する行為は「1年以下の懲役または50万円以下の罰金」

Q ネット上で商品を購入し、商品の代金支払期日当日にインターネットバンキングを利用して代金の振込みを行いましたが、システム障害によって送金処理がされず、支払期日を経過してしまった場合、銀行に損害賠償を求めることはできるのでしょうか。

A 民法では、商品の購入者などの金銭債務の債務者は、不可抗力によるものであっても債務の履行が遅れた場合は履行遅滞責任を負うとされています。そのため、インターネットバンキングを利用して商品代金を振り込む操作をしたにもかかわらず、銀行のシステム障害で送金できなかったため支払期日が経過してしまったという場合のように、たとえ買主の側に落ち度はなかったとしても、商品代金の支払は遅延したことになります。そのため、買主は、売主から遅延損害金を請求されることがあります。

このようなケースにおける銀行への責任追及に関しては、多くの銀行のインターネットバンキングの利用規程では、システム障害によってインターネットバンキングのサービスが利用できなくなったとしても、損害賠償義務を負わないという免責条項が置かれています。

これは、銀行がシステム障害に対しての適切な安全策を講じていたにもかかわらず、システム障害が生じた場合に適用されるものとされています。つまり、天災による場合や、適切に不正アクセスの防止対策を行っていたのにハッキングがなされた場合などは、この免責条項によって、銀行は損害賠償義務を免れることになります。

もっとも、システム障害の原因が、不正アクセスを防止するシステムに不備があった、もしくはインターネットバンキングのシステムそのものに不備があったなど、銀行に帰責事由（落ち度）があると認められる場合には、銀行に損害賠償請求ができます。

第７章

ネットトラブルを
解決するための手段と書式

1 プロバイダを介したトラブル対応策

発信者情報開示請求によって加害者を特定することが可能

送信防止措置依頼によって権利を侵害する情報の削除を依頼する

インターネットの普及に伴い、簡単に情報の入手と発信を行えるようになった反面、情報の流通による権利侵害の問題も増加傾向にあります。その代表例は、著作権や商標権などの知的財産権の侵害、プライバシー侵害、名誉毀損などが挙げられます。権利侵害にあった場合は、プロバイダ責任制限法が定めている、プロバイダ（Webサーバ・ブログ・SNS・掲示板の管理者・運営者など）に対する情報の削除依頼（送信防止措置依頼）を行うことを検討しましょう。

送信防止措置依頼は、権利侵害に該当する情報の発信元のプロバイダに対して行います。送信防止措置の依頼方法は、プロバイダによってさまざまであり、一般的には依頼書を郵送で受け付ける方法をとっているプロパイダが多く、その他には、専用メールアドレスに送信して依頼する方法や、問い合わせフォームから依頼する方法などをとっているプロバイダもあります。プロバイダは、利用規約などの欄に送信防止措置の依頼方法を記載していることから、まずはプロバイダの会社情報や利用規約などを確認しましょう。

送信防止措置依頼書には、著作権侵害や商標権侵害の場合は、自己が権利者であることの事実を証明し、何の権利が侵害されたのか、どのような証明書類によって証明可能か、などを記載する必要があります。名誉毀損の場合は、掲載された情報と、その情報によりどのような権利が侵害されたのか、どのような被害が生じているのか、などを記載する必要があります。

発信者情報開示請求によって加害者を特定する

インターネット上に知的財産権やプライバシーを侵害する情報や名誉を毀損する情報が掲載された場合、前述の送信防止措置依頼による削除依頼を行うという方法の他、民事上の責任追及手段として、損害賠償請求や差止請求（削除請求）を直接発信者に対して行うことや、刑事上の責任追及手段として、警察に対して告訴・告発を行うことが考えられます。これらの責任追及を行うためには、加害者である発信者が誰なのかを特定する必要があります。プロバイダ責任制限法が定めている「発信者情報開示請求」という方法によって、プロバイダから加害者である発信者の情報を開示してもらうことによって、加害者を特定することが可能となります。被害者から発信者情報開示請求を受けたプロバイダは、所定の要件に適合している場合には、原則として発信者の情報を被害者に開示することとされています。

発信者情報開示請求は、権利侵害が確認できるアドレス（URL）、権利侵害の事実とその内容、開示を受けるべき理由、求める情報の範囲などを記載して、書面によって行います。なお、発信者情報開示の要件については、247ページで詳しく説明しています。

プロバイダは、プライバシー保護の観点から、開示する前に、権利侵害にあたる投稿を行った発信者に対して、開示請求に応じるか否かの意見聴取をしなければなりません。また、令和４年10月１日施行の改正プロバイダ責任制限法によって、発信者が開示請求に応じない場合には、その理由も意見聴取しなければならないことになりました。発信者が意見聴取に際して情報開示に応じることは多くないため、通常はプロバイダ自身が「権利侵害が明白か否か」「開示請求の理由は正当か否か」について検討し、開示の可否を判断することになります。ただし、プロバイダが発信者情報開示に応じるケースは多くありません。そのため、発信者情報開示請求は裁判手続きを利用することが多いというのが実情です。

書式　送信防止措置依頼書（著作権侵害）

令和 〇〇 年 〇〇 月 〇〇 日

【株式会社〇〇〇〇】　御中

株式会社××××

氏　名 代表取締役社長 ×××× ㊞

商標権を侵害する商品情報の送信を防止する措置の申出について

貴社が管理するＵＲＬ：【https://〇〇〇〇.co.jp/××××.html】に掲載されている下記の情報の流通は、下記のとおり【株式会社××××】が有する商標権を侵害しているため、「プロバイダ責任制限法商標権関係ガイドライン」に基づき、下記のとおり、貴社に対して 当該情報の送信を防止する措置を講ずることを求めます。

記

1. 申出者の住所	【〒 〇〇〇－〇〇〇〇 神奈川県〇〇市〇〇町〇丁目〇番〇号 】	
2. 申出者の氏名	【 代表取締役社長　×××× 】	
3. 申出者の連絡先	電話番号	【 046－〇〇〇〇－〇〇〇〇】
	e-mail ｱﾄﾞﾚｽ	【 xxxx@ xxx.com 】
4. 侵害情報の特定のための情報	URL	【 https://〇〇〇〇.co.jp/××××.html 】
	商品の種類又は名称	シュガーチュッパ
	その他の特徴	【 ジャンル>スイーツ・お菓子>あめ・キャンディ 】
5. 侵害されたとする権利	商標権 【シュガーチュッパ、登録番号：第0000000号、指定商品区分：第30類 風船ガム、チューインガム、キャンディ、飴、グミキャンディ、棒付きキャンディ】	
6. 著作権等が侵害されたとする理由	シュガーチュッパは、当社の登録商標です。当社は、□□モールに対して登録商標シュガーチュッパを使用することにつき、いかなる 許諾も与えておりません。また、侵害情報に係る商品の広告は、当社が製造している商品と類似する商品のものですが、侵害情報に係る商品は当社では製造しておりません。 [権利侵害の態様がガイドラインの対象とするものであることの申述] ４で特定した侵害情報は、以下のいずれにも該当します。 (a) 以下の理由により商品は真正品ではありません。 (i) 情報の発信者が真正品でないことを自認している商品である。 【その根拠：当社より数度に渡り注意喚起を行っている。】 (ii) 私（当社）が製造していない類の商品である。 (b) 以下の理由により、本件は業としての行為に該当します。 【広告の文句から営利の意思を持って反復継続して販売を行っていることが明らかである】 (c) 侵害情報に係る商品が登録商標の指定商品と同一の商品です。 (d) 侵害情報に登録商標と同一の商標が付されています。	
7. ガイドラインの対象とする権利侵害の態様以外のものの場合		
8. その他参考となる事項	〇〇の方法により権利侵害があったことを確認することが可能です。	

上記内容のうち、５・６ の項目については証拠書類を添付いたします。
また、上記内容が、事実に相違ないことを証します。

以　　上

書式　送信防止措置依頼書（プライバシー侵害・名誉毀損）

令和〇〇年〇〇月〇〇日

【株式会社〇〇〇〇】御中

［権利を侵害されたと主張する者］
住　所　福島県〇〇郡××町1－1
氏　名　野口　英郎　㊞
連絡先　0242－〇〇－〇〇〇〇

侵害情報の通知書　兼　送信防止措置依頼書

あなたが管理する特定電気通信設備に掲載されている下記の情報の流通により私の権利が侵害されたので、あなたに対し当該情報の送信を防止する措置を講じるよう依頼します。

記

掲載されている場所		https://www.〇〇〇〇.co.jp/book/987654321
掲載されている情報		私の実名、自宅の住所、電話番号を掲載した上で、「野口英郎の論文は捏造！研究にも不正行為あり、完全終了！！みんなで突撃しようぜ！！」という、嫌がらせの書き込みがされた。
侵害情報等	侵害されたとする権利	プライバシーの侵害、名誉毀損
	権利が侵害されたとする理由（被害の状況など）	個人情報は、私の意に反して公表され、指摘の内容も事実無根である。書き込み以来、いやがらせ、からかいの迷惑電話を約〇〇件も受け、自宅への来訪も懸念している。これらにより大変な精神的苦痛を被った。貴サイトの利用規約及びプロバイダ責任制限法に基づき、適切な対応を願いたい。

上記太枠内に記載された内容は、事実に相違なく、あなたから発信者にそのまま通知されることになることに同意いたします。

	発信者へ氏名を開示して差し支えない場合は、左欄に〇を記入してください。 〇印のない場合、氏名開示には同意していないものとします。

以上

書式　送信防止措置依頼書（企業に対する名誉毀損）

令和○○年○○月○○日

【株式会社○○○○】御中

［権利を侵害されたと主張する者］
住　所　神奈川県○○市○○町○丁目○番○号
株式会社　××××
氏　名　代表取締役社長　××××　㊞
連絡先　046－○○○－○○○○

侵害情報の通知書　兼　送信防止措置依頼書

あなたが管理する特定電気通信設備に掲載されている下記の情報の流通により私の権利が侵害されたので、あなたに対し当該情報の送信を防止する措置を講じるよう依頼します。

記

掲載されている場所		https://○○○○.co.jp/××××.html
掲載されている情報		（題名：㈱××××の末路） ㈱△△△△の社長をしながら、いまだ㈱××××の社長から抜けきれないのはバカ息子□□の未熟な手腕からか。㈱××××が消滅するのは勝手だが、㈱△△△△もジリ貧に向かっている。
侵害情報等	侵害されたとする権利	名誉毀損
	権利が侵害されたとする理由（被害の状況など）	掲載の情報は、当社の社長及び副社長について、経営者ないし役員としてふさわしくない人物であるとの印象を閲覧者に与えます。これは当社及び社長、副社長の社会的評価を低下する民法723条の名誉毀損にあたります。貴サイトの利用規約及びプロバイダ責任制限法に基づき、適切な対応を願いたい。

上記太枠内に記載された内容は、事実に相違なく、あなたから発信者にそのまま通知されることになることに同意いたします。

	発信者へ氏名を開示して差し支えない場合は、左欄に○を記入してください。 ○印のない場合、氏名開示には同意していないものとします。

以上

書式　発信者情報開示請求書（企業の著作権が侵害された場合）

令和○○年○○月○○日

【株式会社○○○○】御中

［権利を侵害されたと主張する者］（注１）
住所　神奈川県○○市○○町○丁目○番○号
株式会社　××××
氏名　代表取締役社長　××××　㊞
連絡先 046－○○○－○○○○

発信者情報開示請求書

［貴社・~~貴殿~~］が管理する特定電気通信設備に掲載された下記の情報の流通により、私の権利が侵害されたので、特定電気通信役務提供者の損害賠償責任の制限及び発信者情報の開示に関する法律（プロバイダ責任制限法。以下「法」といいます。）第４条第１項に基づき、［貴社・~~貴殿~~］が保有する、下記記載の、侵害情報の発信者の特定に資する情報（以下、「発信者情報」といいます）を開示下さるよう、請求します。

なお、万一、本請求書の記載事項（添付・追加資料を含む。）に虚偽の事実が含まれており、その結果貴社が発信者情報を開示された契約者等から苦情又は損害賠償請求等を受けた場合には、私が責任をもって対処いたします。

記

<table>
<tr><td colspan="2">［貴社・~~貴殿~~］が管理する特定電気通信設備等</td><td>（注２）
https://○○○○.co.jp/××××.html</td></tr>
<tr><td colspan="2">掲載された情報</td><td>当社の著作物である素材集「ビジネスクレイアート集Vol.2」
ファイル番号「0012,0035,0076,0081」合計4点（添付別紙参照）</td></tr>
<tr><td rowspan="3">侵害情報等</td><td>侵害された権利</td><td>著作権（複製権、送信可能化権）</td></tr>
<tr><td>権利が明らかに侵害されたとする理由（注３）</td><td>https://○○○○.co.jp/××××.htmlに掲載されている画像は、当社の著作物である素材集「ビジネスクレイアート集Vol.2」の４点から無断使用しており、これは当社サイトのサムネイル画像（見本）からダウンロードして利用していることが画像の解像度と「コピー不可」の文字を消した跡から明らかです。
よって、貴社が管理するWebサイトにおいて、当社の著作物が送信可能な状態にあることは、発信者が当社の製品を正当に購入しかつ、ライセンス許諾を一切受けずになされているものであり、著しい著作権侵害であります。</td></tr>
<tr><td>発信者情報の開示を受けるべき正当理由
（複数選択　可）
（注４）</td><td>①．損害賠償請求権の行使のために必要であるため
②．謝罪広告等の名誉回復措置の要請のために必要であるため
③．差止請求権の行使のために必要であるため
④．発信者に対する削除要求のために必要であるため
５．その他（具体的にご記入ください）</td></tr>
</table>

	開示を請求する発信者情報 （複数選択可）	1．発信者の氏名又は名称 2．発信者の住所 3．発信者の電子メールアドレス 4．発信者が侵害情報を流通させた際の、当該発信者のＩＰアドレス（注５） 5．侵害情報に係る携帯電話端末等からのインターネット接続サービス利用者識別符号（注5） 6．侵害情報に係るＳＩＭカード識別番号のうち、携帯電話端末等からのインターネット接続サービスにより送信されたもの（注５） 7．４ないし6から侵害情報が送信された年月日及び時刻
	証拠（注６）	**添付別紙参照**
	発信者に示したくない私の情報（複数選択可）（注７）	1．氏名（個人の場合に限る） 2．「権利が明らかに侵害されたとする理由」欄記載事項 3．添付した証拠

（注１）原則として、個人の場合は運転免許証、パスポート等本人を確認できる公的書類の写しを、法人の場合は資格証明書を添付してください。
（注２）ＵＲＬを明示してください。ただし、経由プロバイダ等に対する請求においては、ＩＰアドレス等、発信者の特定に資する情報を明示してください。
（注３）著作権、商標権等の知的財産権が侵害されたと主張される方は、当該権利の正当な権利者であることを証明する資料を添付してください。
（注４）法第４条第３項により、発信者情報の開示を受けた者が、当該発信者情報をみだりに用いて、不当に当該発信者の名誉又は生活の平穏を害する行為は禁じられています。
（注５）　携帯電話端末等からのインターネット接続サービス利用者識別符号及びＳＩＭカード識別番号のうち、携帯電話端末等からのインターネット接続サービスにより送信されたものについては、特定できない場合がありますので、あらかじめご承知おきください。

（注６）証拠については、プロバイダ等において使用するもの及び発信者への意見照会用の２部を添付してください。証拠の中で発信者に示したくない証拠がある場合（注７参照）には、発信者に対して示してもよい証拠一式を意見照会用として添付してください。
（注７）請求者の氏名（法人の場合はその名称）、「管理する特定電気通信設備」、「掲載された情報」、「侵害された権利」、「権利が明らかに侵害されたとする理由」、「開示を受けるべき正当理由」、「開示を請求する発信者情報」の各欄記載事項及び添付した証拠については、発信者に示した上で意見照会を行うことを原則としますが、請求者が個人の場合の氏名、「権利侵害が明らかに侵害されたとする理由」及び証拠について、発信者に示してほしくないものがある場合にはこれを示さずに意見照会を行いますので、その旨明示してください。なお、連絡先については原則として発信者に示すことはありません。
ただし、請求者の氏名に関しては、発信者に示さなくとも発信者により推知されることがあります。

以上

［特定電気通信役務提供者の使用欄］

開示請求受付日	発信者への意見照会日	発信者の意見	回答日
（日付）	（日付） 照会できなかった場合はその理由：	有（日付） 無	開示（日付） 非開示（日付）

2 プロバイダ責任制限法の改正と新たな裁判手続き

令和４年10月に施行された新たな裁判手続き

プロバイダ責任制限法の改正の背景

スマートフォンやSNSなどの普及により、個人が情報の発信を簡単に行うことができるようになりました。その一方、インターネット上の誹謗中傷やプライバシー侵害などによるトラブルが身近な問題となっています。

日本では、インターネットが一般家庭に普及し始めた平成13年に「プロバイダ責任制限法」（正式名称は「特定電気通信役務提供者の損害賠償責任の制限及び発信者情報の開示に関する法律」）が制定され、本章のテーマ１で説明したように、送信防止措置依頼（削除依頼）や発信者情報開示請求によって、インターネット上で誹謗中傷や権利侵害などの被害を受けた際の救済措置が設けられました。

しかし、発信者情報開示請求については、さまざまな問題点があることが指摘されていました。つまり、これまでの発信者情報開示請求に対してプロバイダが任意に応じない場合には、コンテンツプロバイダに対して情報開示を求める仮処分命令の申立てや、アクセスプロバイダに対して情報開示を求める訴訟などを提起する必要がありました（コンテンツプロバイダとは、検索サイト・SNS・ブログなどを運営する事業者・サイト管理者のことです。これに対し、アクセスプロバイダとは、携帯電話会社や通信会社などのインターネット接続サービスを提供する事業者のことです）。

しかし、これらの裁判手続きは煩雑であり、また、発信者を特定するまでにかなりの時間や労力、費用が必要となることから、裁判手続き中にプロバイダが管理している発信者の情報が消失してしまい、仮に裁判で被害者の請求が認められても発信者の特定に至らないという問題が生じていました。

インターネット上の誹謗中傷や権利侵害などの被害者の救済を求める世論の高まりも相まって、令和３年にプロバイダ責任制限法改正が成立し、令和４年10月１日に施行されました。この改正によって、従来よりも簡略化された裁判手続きでプロバイダに対し発信者情報開示請求ができるようになり、被害者救済の促進や誹謗中傷や著作権侵害などの抑止につながることが期待されます。

発信者情報開示に関する改正点

発信者情報とは、有害な投稿をした者（発信者）を特定するために必要な情報、具体的には、発信者の氏名・住所・電話番号・メールアドレスなどのことを指します。被害者が発信者に対して民事上の損害賠償請求や刑事上の告訴・告発などを行う前提として、これらの発信者情報の開示を受けて加害者である発信者を特定することが必要となります。

令和４年10月１日に施行された改正プロバイダ責任制限法のおもな目的は、被害を受けた人が簡易かつ迅速に発信者情報の開示を受けられるようにして、被害者の救済を円滑に図ることにあり、具体的には、以下のような制度の見直し・導入が行われ、簡易かつ迅速に発信者情報の開示を期待することができるようになりました。

①　発信者情報開示請求が１つの裁判手続きで行えるようになった

これまでの裁判手続きによる発信者情報開示請求は、コンテンツプロバイダに対して開示を求める仮処分の申立てを行った後に、アクセスプロバイダに対して開示請求訴訟を提起する、という２段階の裁判手続きを経る必要がありました。しかし、前述のとおり裁判手続きに時間や労力、費用などがかかり過ぎるなどの問題点がありました。

そこで、改正プロバイダ責任制限法では、発信者情報の開示を１つの裁判手続きの中で行うことを可能とする「新たな裁判手続き」(「発信者情報開示命令事件に関する裁判手続き」)が導入されました。

具体的には、ⓐコンテンツプロバイダに対する発信者情報開示命令の申立て、ⓑコンテンツプロバイダに対するアクセスプロバイダの名称などの提供命令の申立て(ⓐの申立てとともに行う)、ⓒアクセスプロバイダに対する発信者情報開示命令の申立て(ⓑの申立てが認められてコンテンツプロバイダから提供を受けた情報に基づいて行う)、ⓓ消去禁止命令の申立て(ⓐ・ⓒの申立てとともに行う)の４つの命令の申立てを、１つの裁判手続きの中で行うことができるようになりました。

ⓒの発信者情報開示命令の申立てが認められると、アクセスプロバイダから発信者情報が開示され、これにより発信者が特定されます。

また、ⓓの消去禁止命令の申立てとは、発信者情報の消去の禁止を

■ 現行制度と新たな裁判手続き

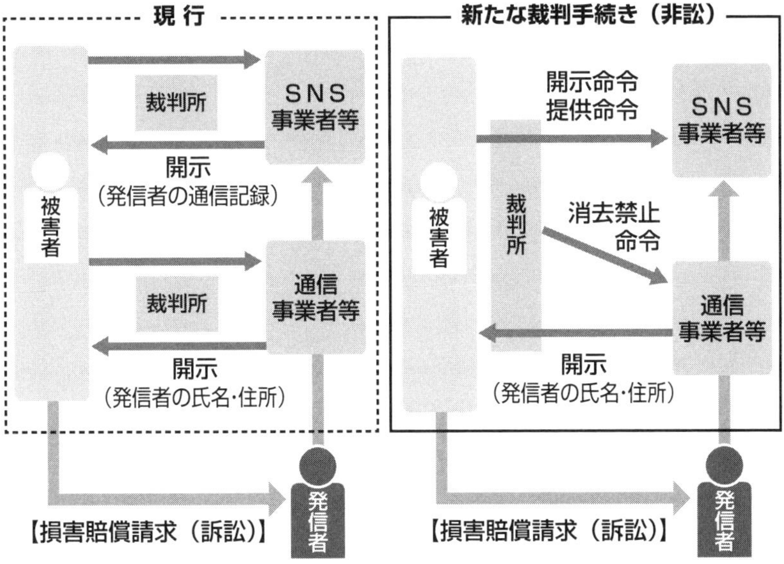

申し立てる手続きであり、申立てが認められることで、発信者を特定することのできる情報（アクセスログなど）が消去されるのを防ぐことができます。

この「新たな裁判手続き」は、非訟手続き（非訟事件）とされています。非訟手続き（非訟事件）とは、通常の訴訟よりも簡易な方法で進められる非公開の裁判手続きのことで、申立てから決定（申立てを認めるか否かの裁判所の判断）までが迅速になされるのが特徴です。また、決定後に相手方が行うことができる不服申立ても、通常の訴訟よりも制限されており、従来の制度と比べて迅速に発信者情報の開示がなされることになります。

この「新たな裁判手続き」は、改正プロバイダ責任制限法が施行された令和４年10月１日よりも前に起きた権利侵害のケースに対しても、利用することが可能です。

なお、従来の制度（２段階の裁判手続き）も引き続き利用することができます。

② 「新たな裁判手続き」の管轄裁判所

改正プロバイダ責任制限法により、前述した「新たな裁判手続き」の管轄裁判所についても定められました。

「新たな裁判手続き」については、原則として、相手方（プロバイダ）の主たる事務所・営業所（相手方が個人の場合はその住所）の所在地を管轄する地方裁判所の管轄に属します。申立てが相手方の事務所・営業所における業務に関するものであるときは、その事務所・営業所の所在地を管轄する地方裁判所の管轄に属します。また、相手方の事務所が日本国内にないときは、代表者その他の主たる業務担当者の住所の所在地を管轄する地方裁判所の管轄に属します。

ただし、これらの所在地が不明であり管轄裁判所が定まらないときは、東京地方裁判所の管轄に属します。

発信者情報開示請求を行うことができる範囲の拡大

改正プロバイダ責任制限法の大きな特徴のひとつが、「ログイン型投稿」への対応に関する改正です。ログイン型投稿とは、利用者が、SNSやブログなどを利用するために「アカウント」を作成し、そのアカウントでログインをした上で文章・写真・動画などを投稿（書き込み）するという形のものです。

コンテンツプロバイダは、利用者のログイン時の情報（IPアドレスなど）のみを記録・保存しており、投稿時の情報は記録・保存していないということがあります。従来の制度では、投稿時の情報を開示請求の対象とするのを前提としていたことから、ログイン型投稿でなされた投稿に対する発信者情報の開示請求について、裁判所は、開示請求の範囲外であると判断して、発信者情報の開示を認めないケースがありました。そのおもな理由としては、ログイン時の情報はプロバイダ責任制限法で予定されている開示請求の対象ではないことや、どの端末を利用してログインしたのかが不明である（アクセスプロバイダが特定できない）ことなどでした。

しかし、令和４年10月１日施行の改正プロバイダ責任制限法により、コンテンツプロバイダが保有する「ログイン時・ログアウト時のIPアドレスなどの情報」（プロバイダ責任制限法では「特定発信者情報」と名付けられています）や、ログイン時の・ログアウト時の通信など（「侵害関連通信」と名付けられています）、IDやパスワードなどの識別符号なども、開示請求の対象であることが明確に定められました。これにより、ログイン型投稿の場合も発信者情報の開示請求が認められるようになりました。

発信者情報の開示請求の要件

前述した「新たな裁判手続き」を利用して発信者情報の開示を受けるには、以下の①②の理由が求められています（①②の双方の理由を備えることが必要です）。

① 有害な書き込みにより被害者の権利が侵害されたことが明らかであること

② 損害賠償請求権の行使のために情報の開示が必要であること

ただし、「ログイン時の情報」（特定発信者情報）の開示を受けるためには、①②の理由に加えて、以下の③④などのうちいずれか１つの理由も求められています（③④などのうち１つの理由を備えていればかまいません）。

③ 「ログイン時の情報」の開示を受けなければ、発信者を特定できないこと

④ コンテンツプロバイダが「ログイン時の情報」以外の発信者情報を保有していないと認められること

したがって、発信者情報の開示請求が認められるには、不当な投稿がなされたことによる被害を明確にし、申立てをした裁判所に認定してもらうことが必要となります。

■ ログイン型投稿における発信者情報開示請求の範囲の拡大 …

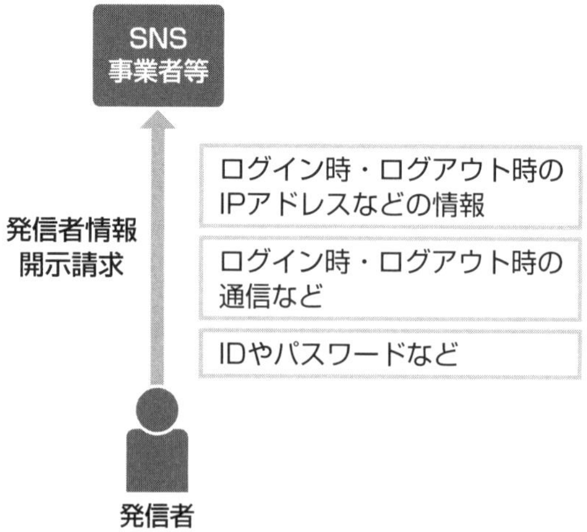

3 内容証明郵便の利用

訴訟などの際に有力な証拠となる内容証明郵便を利用する

内容証明郵便とは

内容証明郵便は、誰が、いつ、どんな内容の郵便を、誰に宛てて差し出したのか、を郵便局（日本郵便株式会社）が証明してもらえる特殊な郵便です。内容証明郵便を配達証明つきにしておけば、郵便物を発信した事実からその内容、さらには相手に配達したことまで証明してもらえます。

内容証明郵便は後々訴訟などに至った場合に、証明力の高い文書として利用することができます。もっとも、いったん差し出してしまうと、後から訂正はできないことから、内容証明郵便の文書は事実関係を十分に調査・確認した上で、正確に記入することが必要です。また、相手方に揚げ足を取られないように、できるだけ簡潔に、かつ明確に書くことが大事です。

内容証明郵便で１枚の用紙に書ける文字数には制約があります（次ページ図）。つまり、用紙１枚につき520字を上限とするわけです。

郵便局への提出や料金

内容証明郵便は、受取人が１人の場合でも、同じ内容の文面の手紙を最低３通用意する必要があります。ただし、全部手書きである必要はなく、コピーでもＯＫです。郵便局ではそのうち１通を受取人に送り、１通を郵便局に保管し、もう１通は差出人に返してくれることになっています。用紙の指定はとくにありません。手書きの場合は原稿用紙のようにマス目が印刷されている、市販のものを利用してもよいでしょう。ワープロソフトで作成してもよいことになっています。

こうしてできた同文の書面３通と、差出人・受取人の住所・氏名を書いた封筒を受取人の数だけ準備して、郵便局の窓口へ提出します。郵便局は、近隣の大きな郵便局（集配を行う郵便局または地方郵便局長の指定した無集配郵便局）を選びます。その際、字数計算に誤りがあったときや、誤字を見つけたときなどのために、訂正用に印鑑もあわせて持参するのがよいでしょう。

郵便局の窓口では、それぞれの書面に「確かに○年○月○日に受け付けました」という内容の証明文と日付の明記されたスタンプが押されます。その後、書面を封筒に入れて再び窓口に差し出します。それと引き換えに受領証と控え用の書面が交付されます。これは後々の証明になりますから、大切に保管しましょう。

料金は下図のとおりです。なお、配達証明の依頼は、通常は内容証明郵便を出すときに一緒に申し出ますが、内容証明郵便の発送後１年以内であれば、発送時の受領証を提示することで配達証明を出してもらうことができます。

■ 内容証明郵便の書き方と費用 ……………………………………

用　紙	市販されているものもあるが、とくに指定はない。 B4判、A4判、B5判が使用されている。
文　字	日本語のみ。かな(ひらがな、カタカナ)、 漢字、数字(算用数字・漢数字)。 外国語不可。英字は不可(固有名詞に限り使用可)
文字数と行数	縦書きの場合　：20字以内×26行以内 横書きの場合①：20字以内×26行以内 横書きの場合②：26字以内×20行以内 横書きの場合③：13字以内×40行以内
料　金	文書1枚（480円）＋郵送料（84円）＋書留料（480円） ＋配達証明料（差出時350円）＝1394円 文書が1枚増えるごとに290円加算

書式　内容証明郵便の記載例

通知書

　私は、令和○年５月１４日午後８時４０分に、インターネット・プロバイダーである「インフォイテージ」がホームページ上で運営・管理している「ゲット・フューチャー」なるオークション・サイトにて、貴殿が出品されていた山野社製電子オルガン（型式ＡＰＯ―６０５１）を、６万２５４１円にて落札した者です。私が貴殿指定の銀行口座に前記売買代金を振り込んだにもかかわらず、現在に至るまで、商品の発送も連絡も一切ありません。そのため、貴殿との上記のオークション・サイトを介した売買契約は、貴殿の帰責事由に基づく貴殿の履行遅滞を理由として解除しますので、貴殿に支払済み代金全額を直ちに私に返還することを請求します。万一、本書面到達後、１０日を過ぎても、代金の全額の返還がない場合は、貴殿に対する損害賠償請求を行うこと、及び貴殿を詐欺罪で告訴することを申し添えます。

令和○年６月３０日

東京都○○区○○町１番２号

出光幸三　㊞

○○県○○市○○町２３番５号

崎田隆一　殿

4 裁判所を利用した法的解決手段

訴訟・調停など、状況に応じて適切な法的手段を選択することになる

さまざまな法的手段

民事上の紛争が生じた場合、最終的には訴訟になり、裁判所が判断することになります。ただ、裁判所には、訴訟以外にもさまざまな手続きが用意されています。とくに知っておきたいのが簡易裁判所を利用する手続きです。簡易裁判所の手続きには、通常訴訟の他、少額訴訟、民事調停などがあります。

民事調停

民事調停は、第三者である調停機関が紛争の当事者双方の合意が得られるように説得しながら、和解が成立するために努力する手続きです。裁判外紛争解決手続でも調停が行われていますが、簡易裁判所で行われる民事調停は、身近な財産上の紛争を解決するために利用されています。ネット取引におけるトラブルを解決する手段として活用することも可能です。民事調停は、手続きの進め方に厳格な定めはなく、紛争の実情に即して、当事者双方が納得のいく解決を図ることができるようになっています。

民事調停の申立ては、簡易裁判所に申立書を提出して行います。話し合いがまとまって調停が成立すると、裁判官の立ち会いの下で、調停内容が読み上げられます。調停成立時に作成される調停調書には確定判決と同一の効力が与えられており、相手方が調停調書の内容を履行しない場合は強制執行に踏み切ることができます。調停が合意せずに終わっても、2週間以内に訴えを提起すれば、調停申立ての時点から民事訴訟を提起したとみなされます。

訴訟の管轄

訴訟をすべき状況になった場合、どこの裁判所に訴えを提起すればよいのかを決める基準が管轄です。管轄とは、それぞれの裁判所がどの事件を担当するかという割り振りのことです。民事訴訟の第一審は、地方裁判所か簡易裁判所のどちらかが管轄を持ちます。原則として、140万円以下の争いであれば簡易裁判所、これを超える場合には地方裁判所の管轄です。

通常訴訟

通常の民事訴訟（通常訴訟）は、当事者の一方が裁判所に訴状を提出して訴えを提起することによって始まります。

訴状が提出されると、裁判所は、訴状の副本（コピー）を被告に送付します。あわせて、訴状に書いてある内容を認めるのか反論するのかを書いた答弁書を、裁判所に提出するよう被告に求めます。また、裁判所は、期日に裁判所へ出頭するように、当事者双方に呼出状を送ります。この裁判所によって指定された期日が第１回口頭弁論期日です。

第１回口頭弁論期日では、まず、原告が訴状を口頭で陳述します。次に、被告が提出済みの答弁書に基づいて、原告の陳述内容を認めるのか反論するのかを口頭で述べます。

■ ネットトラブルを解決するためのおもな法的手段 ……………

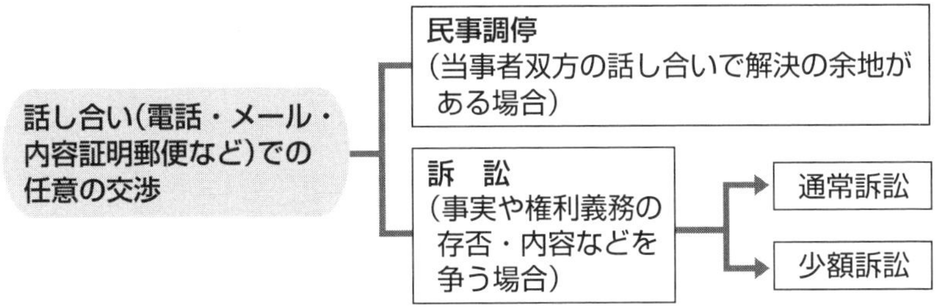

その後、争点を整理する作業が行われます。原告の請求のうち、被告がどのような点を争い、どのような点は争っていないのかを明確にします。そして、事実関係について争いがあれば、どちらの主張が正しいのかに関して証拠調べを行います。

これらの手続きを経て、争いがある事実につき、原告・被告のいずれの主張が正しいのかを裁判官が認定し、訴状に書いてある内容の当否について裁判所が判断できるようになると、口頭弁論は終結します。口頭弁論は数回の期日で終了する場合もあれば、口頭弁論が終了するまでに数年かかる場合もあります。

一定の期日が経過すると、裁判所は、あらかじめ指定しておいた期日に判決を言い渡します。判決は、原告の請求に対する裁判所の判断です。裁判所は、原告の請求が認められると判断したときは、原告の請求を認容します。反対に、原告の請求が認められないと判断したときは、原告の請求を認めない判断（請求棄却）になります。この場合は「原告の請求を棄却する」という判決を言い渡します。この判決により第一審の手続きは終了します。

なお、通常訴訟とは別に、民事訴訟の利用の幅を広げるために導入されているのが少額訴訟です。少額訴訟で扱われるのは60万円以下の金銭の支払請求に限られます。また、少額訴訟を担当する裁判所は簡易裁判所なので、簡易裁判所に対して訴えを提起する必要があります。

■ 通常訴訟の手続きの流れ

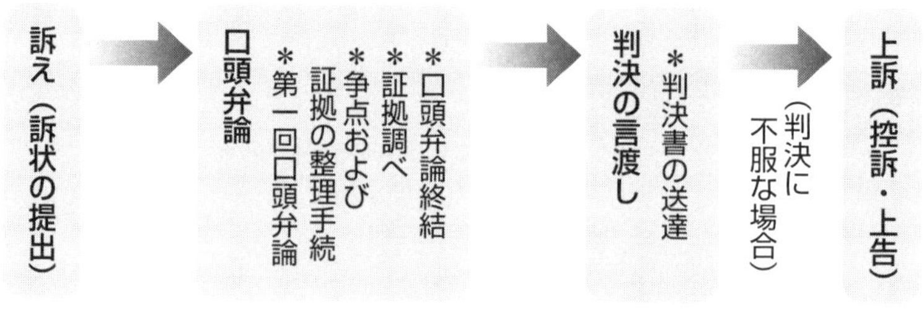

Column

民事訴訟手続きのIT化

わが国の民事訴訟手続は基本的に紙ベースで行われており、諸外国に比べてIT化が遅れているという背景を踏まえ、令和４年（2022年）５月18日、民事訴訟手続きのIT化を促進させるための規定などを盛り込んだ改正民事訴訟法が成立しました。改正法により、①ｅ提出、②ｅ事件管理、③ｅ法廷の「３つのｅ」が実現します。

①　e提出

いつでもオンラインで訴状を提出できるようになります。弁護士が訴状を提出する場合は、オンラインでの提出が義務化されます。

②　e事件管理

IT技術を活用して訴訟記録の閲覧・複写の手続は、いつでもオンラインで行えるようになります。

③　e法廷

IT技術を活用して当事者がオンラインで訴訟参加ができるように、訴訟制度自体を大幅に変更・緩和しました。具体的には、Web会議によって、口頭弁論の審理を進めていくことが可能となります。また、弁論準備手続や和解期日についてもオンライン実施となり、両当事者ともWeb会議・電話会議での出席が認められるようになります。さらに、Web会議による証人尋問ができる要件についても緩和されました。

その他には、「法定審理期間訴訟手続」という制度が創設されています。現状では訴訟を提起しても、紛争の解決までどの程度の期間かかるのかが不透明ですが、この制度の施行後は、両当事者が望む場合あるいは一方当事者が申し出て相手方が同意する場合、訴えの提起から終局判決までを約７か月以内で行えるようになります。

改正法は段階的に施行され、令和７年度（2025年度）中（令和８年３月末まで）には全面的に施行される予定です。なお、弁論準備手続や和解手続のオンライン実施については、同年３月に施行されています。

【監修者紹介】

森　公任（もり　こうにん）

昭和26年新潟県出身。中央大学法学部卒業。1980年弁護士登録（東京弁護士会）。1982年森法律事務所設立。おもな著作（監修書）に、『公正証書のしくみと実践書式集』『著作権の法律問題とトラブル解決法』『インターネットの法律とトラブル対策』『入門図解 親子の法律問題【離婚・親子関係・いじめ・事故・虐待】解決の知識』『三訂版　仮差押・仮処分の法律と手続き』『図解で早わかり 裁判・訴訟の基本と手続き』『特定商取引法・景品表示法・個人情報保護法の法律入門』など（小社刊）がある。

森元　みのり（もりもと　みのり）

弁護士。2003年東京大学法学部卒業。2006年弁護士登録（東京弁護士会）。同年森法律事務所 入所。おもな著作（監修書）に、『公正証書のしくみと実践書式集』『著作権の法律問題とトラブル解決法』『インターネットの法律とトラブル対策』『入門図解 親子の法律問題【離婚・親子関係・いじめ・事故・虐待】解決の知識』『三訂版　仮差押・仮処分の法律と手続き』『図解で早わかり 裁判・訴訟の基本と手続き』『特定商取引法・景品表示法・個人情報保護法の法律入門』など（小社刊）がある。

森法律事務所
家事事件、不動産事件等が中心業務。
〒104-0033　東京都中央区新川２－15－３　森第二ビル
電話03-3553-5916　　http：//www.mori-law-office.com

事業者必携　入門図解
最新　ネットビジネス運営のための法律と手続き

2023年11月30日　第１刷発行

監修者　森公任《もりこうにん》　森元《もりもと》みのり
発行者　前田俊秀
発行所　株式会社三修社
〒150-0001　東京都渋谷区神宮前2-2-22
TEL　03-3405-4511　FAX　03-3405-4522
振替　00190-9-72758
https://www.sanshusha.co.jp
編集担当　北村英治・斎藤俊樹
印刷所　萩原印刷株式会社
製本所　牧製本印刷株式会社

ISBN978-4-384-04927-5 C2032